UMA JORNADA A DOIS

Coleção Família Hoje

Uma jornada a dois: um olhar amoroso –
Maria Guadalupe Buttera

Casamento: é possível ser feliz –
Jorge Mendes e Isabel Mendes

Educar os filhos na fé: amor, diálogo e equilíbrio –
Jorge Mendes e Isabel Mendes

O adolescente, uma joia de Deus –
Paulo Miller

María Guadalupe Buttera

UMA JORNADA A DOIS

Um olhar amoroso

Dados Internacionais de Catalogação na Publicação (CIP)
(Câmara Brasileira do Livro, SP, Brasil)

Buttera, María Guadalupe
    Uma jornada a dois : um olhar amoroso / María Guadalupe Buttera;
[tradução Maria Luisa Garcia Prada]. – São Paulo : Paulinas, 2018. –
(Família hoje)

    Título original: Caminar en pareja : una mirada amorosa.
    Bibliografia.
    ISBN 978-85-356-4360-2

    1. Amor - Aspectos religiosos 2. Casais - Relações interpessoais 3.
Casamento - Aspectos religiosos 4. Família - Aspectos religiosos I. Título.
II. Série.

17-11459   CDD-248.844

Índices para catálogo sistemático:

    1. Amor conjugal : Guias de vida cristã   248.844
    2. Casais : Vida conjugal : Guias de vida cristã   248.844

1ª edição – 2018

Título original da obra: Caminar en pareja: una mirada amorosa
© San Pablo, Buenos Aires (Argentina), 2015.

Direção-geral:	*Flávia Reginatto*
Editora responsável:	*Andréia Schweitzer*
Tradução:	*Maria Luisa Garcia Prada*
Copidesque:	*Ana Cecilia Mari*
Coordenação de revisão:	*Marina Mendonça*
Revisão:	*Sandra Sinzato*
Gerente de produção:	*Felício Calegaro Neto*
Projeto gráfico:	*Manuel Rebelato Miramontes*
Capa e diagramação:	*Jéssica Diniz Souza*

*Nenhuma parte desta obra poderá ser reproduzida ou transmitida
por qualquer forma e/ou quaisquer meios (eletrônico ou mecânico,
incluindo fotocópia e gravação) ou arquivada em qualquer sistema ou
banco de dados sem permissão escrita da Editora. Direitos reservados.*

Paulinas

Rua Dona Inácia Uchoa, 62
04110-020 – São Paulo – SP (Brasil)
Tel.: (11) 2125-3500
http://www.paulinas.com.br – editora@paulinas.com.br
Telemarketing e SAC: 0800-7010081
© Pia Sociedade Filhas de São Paulo – São Paulo, 2018

A raiz e a fonte de nossa vida é o amor.
Quando o amor acontece,
a vida se torna abundante.

A Ricardo, que me acompanhou
e acompanha nesta jornada.

Sumário

Prólogo 11

Fundamentação 13

EIXO 1
Encontro consigo mesmo

Quando um homem e uma mulher se encontram, sentem-se completos 19

Amar a si próprio de maneira saudável para poder amar os outros 23

Falar de amor é falar do outro, falar do outro é falar de mim 27

Quando a mulher espera pelo príncipe encantado
que virá para resolver todos os seus problemas 31

A relação de casal inclui uma vida sexual saudável e plena 37

O verdadeiro amor precisa ser baseado na verdade 43

Para que nossos vínculos de casal sejam plenos,
ricos e cheios de significado 49

Para que o amor possa fluir precisamos aceitar nossos pais
do jeito que são 55

EIXO 2
Encontro e desencontro com o outro

Homens e mulheres, lembrem-se
de suas diferenças e evitarão conflitos absurdos 61

A importância do diálogo na relação a dois 65

Quando escutamos nosso parceiro,
estamos honrando-o... e nos honramos também 69

Querer que o outro seja conforme a nossa vontade,
afasta-nos do paraíso 73

Renovar a vida matrimonial é responsabilidade dos dois 75

Quando o amor deixa marcas,
podemos aproveitar a experiência para evoluir 81

Nossa vida de casal e os laços entre as famílias de origem 89

Terminei o relacionamento... E agora? 95

A separação do casal e o impacto para ambos e para os filhos 101

EIXO 3
Construir e reconstruir o relacionamento

Problemas de casal que convêm ponderar e "enxergar" 107

Para formar um novo casal é necessário colocar um ponto final
nos relacionamentos anteriores 111

Alguns laços unem o casal, enquanto outros separam 115

O equilíbrio saudável entre dar, receber e tomar
no relacionamento a dois 119

A irritação e as discussões do casal
podem ocultar um profundo sofrimento 123

Para uma relação iluminada e livre
dos emaranhados que nos mantêm aprisionados 127

Para que um relacionamento prospere,
é necessário que cada um esteja inteiro 133

Que aquilo que nos une não nos separe 137

Uma jornada a dois exige
compromisso e aprendizagem 141

Crescer na capacidade de amar
pressupõe ampliar nossa consciência 147

Epílogo 153

Bibliografia 155

Prólogo

O amor entre um homem e uma mulher é o princípio da vida. A vida provém desse amor homem-mulher.

Se esse amor não houvesse existido entre nossos pais e antepassados, não estaríamos aqui. Esse amor nos acompanha.

Vivemos e crescemos em nossa família, depois saímos dela, nos apaixonamos e criamos um novo lar. Antes de termos capacidade de dar amor, recebemos amor de nossos pais, e, quanto mais recebermos esse amor, mais amor teremos para dar depois.

Quando a pessoa não consegue receber amor dos pais, tende a esperar recebê-lo no relacionamento a dois, mas esse amor não consegue sobreviver.

Na nova família, continuamos a sentir o que vivemos anteriormente.

O princípio da família é o amor entre um homem e uma mulher.

A relação a dois é o início de uma nova família.

O amor está a serviço da vida. Depois vêm os filhos.

Cada um provém de uma tradição diferente e o casal precisa se encontrar apesar das diferenças.

As duas famílias se encontram e, nessa nova família, ambas encontram sua continuação.

A relação de casal é de amor. Na verdade, é uma instituição contra a morte, e um dia teremos de nos despedir de nosso amor.

Um grande amor encara o final, o adeus, e isso torna mais forte o instante presente.

A autora.

Fundamentação

E Deus, ao criar a mulher, revelou um lindo presente ao homem

E vivei juntos, mas não vos aconchegueis
em demasia; pois as colunas do templo
erguem-se separadamente. E o carvalho e o cipreste
não crescem à sombra um do outro.
(K. Gibran)

Deus criou o homem e a mulher

É maravilhoso o presente que Deus deu ao homem ao criar a mulher. É verdade que, algumas vezes, a convivência pode ser difícil para o casal, mas uma coisa não podemos esquecer: o homem e a mulher são dois seres complementares.

Foram criados, por Deus, um para o outro.

Como seres complementares

O amor entre o casal cresce e evolui quando é complementar.

Pensar que desperdiçamos tanta energia vital olhando as diferenças, em lugar de procurar os pontos de concordância!

Etimologicamente a palavra concórdia significa "com coração".

Para se amarem mutuamente

Devemos aproveitar o tempo e amar nosso parceiro ou nossa parceira!

Refletir sobre suas qualidades, recordar as coisas que nos encantaram, suas virtudes...

Todo ser humano, e aí nos incluímos, tem coisas que nos agradam e outras que nos desagradam.

Respeitarem-se

Devemos aprender a aceitar a individualidade do outro, tolerar seus erros, do mesmo modo que o outro tolera os nossos, dialogar sem brigas, respeitando a opinião alheia, crescendo em sabedoria e amor.

Nada mais maravilhoso...

Nada mais maravilhoso que a vida de casal, quando sabemos viver em paz, com Deus no coração e tendo em mente que um lar pleno é uma plataforma de amor que se sustenta em quatro pilares:

- Respeito,
- Diálogo,
- Confiança,
- Colaboração.

> A humanidade possui duas asas: uma é a mulher e a outra o homem.
> Para poder voar, precisamos que as duas asas estejam igualmente desenvolvidas.

Conclusão

Deus criou o homem e a mulher como seres complementares; para se amarem e respeitarem mutuamente.

Palavras para meditar

"Deus criou o ser humano à sua imagem, à imagem de Deus o criou. Homem e mulher ele os criou" (Gênesis 1,27).

Para refletir...

1. Sentimos que nos complementamos com nosso parceiro? Ou estamos competindo?
2. Mencionar situações que confirmam nossa complementariedade.
3. Igualmente, se há concorrência.
4. Meditar a respeito dos pilares confiança e colaboração: como nos sentimos sobre isso?
5. Escrever as qualidades que nos encantaram em nosso parceiro.
6. Pedir ao nosso parceiro que faça o mesmo conosco. Depois, conversar a respeito.
7. Refletir sobre os quatro pilares do amor mencionados: respeito, diálogo, confiança e colaboração. Depois, estabelecer juntos os objetivos para o crescimento do casal.

Eixo 1

Encontro consigo mesmo

Quando um homem e uma mulher se encontram, sentem-se completos

> Amor é a aceitação de muitas
> e preciosas diferenças a serem respeitadas.

O homem e a mulher

O casal precisa estar correlacionado.

E o que é mais importante: perceber o quanto necessitam um do outro para sentirem-se plenos.

Quando vemos os casais, podemos questionar o que verdadeiramente acontece entre eles.

Muitos podem pensar: dormem juntos.

É normal que isso ocorra, mas é só isso que acontece entre um homem e uma mulher?

Necessitam um do outro

Quando um homem e uma mulher se encontram, se completam; e isso vai muito além da relação sexual, muito embora ela seja importante e enriquecedora para os dois e, também, para a relação.

O homem quer estar junto a uma mulher, e a mulher quer estar com um homem, uma vez que necessitam um do outro.

Para crescerem no amor

Se procurarmos lembrar como eram as relações dos casais antigamente, veremos como nos enriquecemos através delas; como nos transformamos em pessoas mais íntegras por meio dessas experiências relacionais, e como essas vivências e aprendizados podem ser integrados a nosso relacionamento atual.

Com benevolência

Outro elemento muito importante na relação a dois é a atitude de olhar o outro com aceitação, sem o desejo de mudá-lo.

É maravilhoso que, ao acordar pela manhã, um homem olhe para sua mulher e se alegre de vê-la a seu lado.

Como a mulher pode corresponder a isso? Ela pode corresponder lhe devolvendo o olhar carinhoso, porque se sente amada e aceita por ele.

Assim, começa um dia agradável e feliz.

Aceitando o outro tal como é

Pode existir uma demonstração de amor mais bonita que aceitar o outro tal como é?

Essa é uma simples e poderosa manifestação de amor. Um amor espiritual.

É bastante comum que algumas coisas passem despercebidas; entretanto, seria conveniente reconhecê-las e agradecer por elas. É uma forma de lançar um olhar mais amplo ao vínculo amoroso.

Como o Espírito de Deus

Cada um de nós é movido pelo Espírito de Deus, e está a seu serviço.

Benevolência é a atitude de boa vontade, que diz sim ao outro do modo como é, que deseja o seu bem. Exercitar a benevolência em nossos relacionamentos mais próximos nos torna mais humanos.

Assim nos sentimos seguros e crescemos

Aceitar o outro do modo como é indica uma manifestação de amor benevolente.

Essa atitude amorosa é sentida pela outra pessoa, que passa a se sentir segura em nossa companhia.

> Sem amor... não há êxito.
> (Marie Sophie Hellinger)

Conclusão

O homem e a mulher precisam um do outro para crescerem no amor saudável e maduro que aceita o outro integralmente. Assim, crescemos e nos sentimos seguros.

Palavras para meditar

"Deus criou o ser humano à sua imagem, à imagem de Deus o criou. Homem e mulher ele os criou" (Gênesis 1,27).

"O homem e sua mulher estavam nus, mas não se envergonhavam" (Gênesis 2,25).

Para refletir...

Quando estamos aborrecidos com certos problemas cotidianos da vida de casal, podemos parar e visualizar nosso primeiro encontro, trazer à lembrança o lugar, o que aconteceu, nossos planos, projetos, os momentos felizes passados juntos... Se for possível, podemos fazer isso anotando por escrito também.

Desse modo, aquilo que no momento está nos chateando acaba se tornando insignificante se comparado com o já vivido.

Amar a si próprio de maneira saudável para poder amar os outros

> Aquele que faz amizade com si mesmo,
> nunca ficará sozinho.
> (M. Maltz)

Quando somos aquilo que os outros querem

Quando somos crianças, o medo do abandono nos obriga, muitas vezes, a ser o que não somos para agradar os outros e evitar sermos rejeitados.

Com isso, como compensação desse sacrifício, garantimos o cuidado, o amor e a valorização daqueles que nos cercam.

Agora, já adultos, podemos rever se essas crenças ainda operam dentro de nós, dificultando o vínculo com nós mesmos.

Vivemos desconectados de nosso interior

Podemos permitir-nos aprender a nos relacionar a partir do nosso próprio ser interior.

De que maneira? Escutando nossa voz interior, prestando mais atenção a nossas necessidades, sabendo o que queremos e não só o que devemos fazer para ser aceitos, amados ou aplaudidos pelos outros.

O compromisso afetivo para com nós mesmos

Esse aspecto do amor por nós mesmos costuma ser confundido com egoísmo. Entretanto, nossa saúde integral, e ouso dizer nossa felicidade, não pode sustentar-se sem um verdadeiro compromisso afetivo para com nós mesmos.

Não deve ser confundido com egoísmo

O egoísmo negativo gera a atitude de que a única coisa que importa é o que me pertence e o que me convém, e quando só desejo que os outros façam o que me agrada.

Em outras palavras, não é querer fazer o que escolho porque me faz bem, e sim querer que os outros façam sempre o que eu quero.

Esses comportamentos egoístas e doentios não correspondem a alguém que se ama. São comportamentos antissociais que nada têm a ver com desenvolver um amor saudável em relação a si mesmo.

Desenvolver o amor para com nós mesmos

O amor ao próximo e o amor a si próprio compartilham a mesma raiz.

Se ainda não aprendemos a desenvolver um amor saudável e adulto por nós mesmos, podemos nos animar e começar, pouco a pouco, com atitudes como:

- estar onde decidimos estar,
- pensar o que pensamos,
- optar por falar ou silenciar,
- sentir como sentimos.

Saudável, adulto e responsável

E, é claro, tornando-nos responsáveis pelas consequências advindas de nossas escolhas.

Essas atitudes positivas nos transformam em adultos mais saudáveis, uma vez que, simplificando ao máximo a definição, neurose nada mais é que o resultado da grande contradição entre aquilo que queremos fazer com naturalidade e o que devemos fazer porque assim nos ensinaram que é o certo, o mais adequado.

Permite-nos estar bem com os outros

Esse estar bem comigo mesmo imediatamente se reflete em abertura e entrega aos outros, em descoberta do prazer de poder ajudar, na satisfação de ser solidário e na necessidade de expandir e ampliar cada vez mais esse amor. A partir disso, posso conectar-me com a outra pessoa, com seu sofrimento e sua dor, e ela própria me oferecerá a possibilidade de ajudá-la.

E descobrir o prazer de doar-se

É importante conhecer a origem daquilo que me impele a ajudar o outro: porque quero ajudar, ou porque sinto culpa de ter coisas que outras pessoas não têm, ou por medo do castigo de Deus, caso não ajude, ou por acreditar que aquilo que estou dando voltará para mim multiplicado...

Entretanto, o principal motivo que move um adulto saudável a ajudar o outro é a descoberta do prazer de doar-se, de não querer privar-se de fazer aquilo que faz bem a si e aos outros.

> Gosto mais de mim quando consigo contemplar um
> membro da minha equipe,
> ou meu filho, ou minha filha, ou meus netos,
> do mesmo modo.
>
> (Carl Rogers)

Conclusão

Conforme vamos desenvolvendo a capacidade de amar a nós mesmos de maneira saudável, encontramos mais espaços e mais formas de amar o outro.

Jesus nos ensinou que a medida do amor ao outro é o amor a si mesmo.

Palavras para meditar

"É necessário educar os homens para o amor. A educação no amor se realiza simultaneamente em sua relação com Deus, com o próximo e com si mesmo.

O amor dirigido a si mesmo não tem nada a ver com o egoísmo, e é plenamente compatível com o amor a Deus e ao próximo; naturalmente, a falta desses dois últimos amores cria certa fratura nesse outro amor" (Karol Wojtyla).

Para refletir...

1. Refletir sobre nossa autenticidade: agimos de acordo com o que pensamos, ou nos comportamos como os outros esperam?
2. Estamos conectados com nosso interior?
3. Aprendemos a nos amar de maneira saudável e adulta?
4. Relembrar atitudes de nossa vida cotidiana que reflitam isso.

Falar de amor é falar do outro, falar do outro é falar de mim

O amor é o impulso
para a união do que está separado.
(Paul Tillich)

Conhecer a si mesmo

Um dos elementos básicos do amor é o conhecimento. Esse conhecimento começa por nós mesmos. Quanto mais conheço a mim mesmo, mais consigo compreender e conhecer o outro.

Descobrir esse universo

Cada um de nós constitui uma complexa e particular trama de características diferentes. Por isso, não nos podemos definir apenas como: generosos, medrosos, corajosos, egoístas, carinhosos, alegres, tímidos, distantes, criativos, controladores etc.

Não existe um adjetivo único que seja capaz de conter em si o universo que cada pessoa contém em si mesma.

Juntando as diferentes partes

Devemos reconhecer e aceitar nossas diferentes facetas; tendo em vista que, algumas vezes, elas se encontram entre si e, em outras, entram em contradição.

Da escuta, compreensão e aceitação de cada uma delas, dependerá a harmonia, ou não, que se abriga em nosso interior.

Com harmonia

Dessa percepção e dinâmica de nosso mundo interior, dependerá o tipo de relacionamento que estabeleceremos com os outros.

Se nosso interior estiver vinculado com harmonia, poderemos firmar relações saudáveis com os outros. Do contrário, se desconhecemos ou rejeitamos nossas facetas, o mesmo acontecerá ao estabelecermos vínculos com outras pessoas.

O caminho é tomar consciência dessas facetas, sem silenciá-las ou desqualificá-las.

Olhá-las com amor. Dizer-lhes sim. Uni-las, e não separá-las.

Por meio dos vínculos

Os vínculos constituem um caminho e não um fim.

Outro aspecto importante a considerar é refletir sobre o que nos move a querer um relacionamento a dois.

A maioria das pessoas, diante dessa pergunta, responde que deseja ter um parceiro ou uma parceira para se sentir plena, em paz, para dar sentido a sua vida.

Na verdade, os vínculos constituem um meio para alcançar esses objetivos, mas não são o objetivo final.

É uma construção diária

É importante que isso esteja claro, do contrário, estaremos transformando nossos vínculos em sinônimos de plenitude, harmonia, paz e felicidade.

Sabemos que todos os relacionamentos requerem um profundo trabalho a dois, uma construção diária para harmonizar nossas inevitáveis diferenças.

Através desse trabalho interno, pessoal e com o outro, alcançaremos a plenitude e o sentido de nossa vida.

Vale lembrar: esse bem-estar não se alcança apenas por meio da escolha de viver a dois, existem infinitas maneiras de obtê-lo.

> O instante verdadeiramente presente e pleno não existe,
> senão quando há presença, encontro e relação.
>
> (Martín Buber)

Conclusão

O desencontro amoroso, tão frequente nos dias de hoje, traz no bojo o desconhecimento de si mesmo, da dinâmica do mundo pessoal interior.

Se minha música interior desafina, será muito difícil compor uma melodia a dois.

Quanto mais clara, rica e dinâmica for a minha relação com o meu mundo interior, mais isso se traduzirá em meu relacionamento com os demais.

A profundidade de nossos vínculos tem a ver com uma delicada e consciente construção mútua.

Não se trata de sorte, também não é mágica. É produto de um trabalho pessoal e com o outro.

Palavras para meditar

"Os vínculos são o lugar onde a alma cumpre o seu destino" (Thomas Moore).

Para refletir...

1. Reconhecemos as diferentes características que compõem nossa identidade?
2. Como se expressam em nosso interior?
3. E com os outros?

Quando a mulher espera pelo príncipe encantado que virá para resolver todos os seus problemas

> Amar não é olhar um para o outro;
> é olhar juntos na mesma direção.
> (Antoine de Saint-Exupéry)

O mito da Cinderela

Alguns dias atrás recebi um e-mail muito divertido e verdadeiro. Dizia o seguinte:

> A Cinderela é uma fraude? A quem contavam a história da Cinderela?
>
> "A nós", e não se cansavam de repetir a mesma história... E o pior é que adorávamos! Mas pense... qual era a mensagem?
>
> Muito simples e poderosa:
>
> "Você só tem de limpar... ser boazinha, submissa e obediente... um dia vai aparecer um homem belo e elegante, com botas e penacho no chapéu, e você estará salva para toda a vida.
>
> E nós, inocentes, de espanador em punho, à espera do príncipe!
>
> Escutamos esse conto de fadas muitas vezes, sem colocar em dúvida a saúde mental de seu autor.
>
> A mensagem era que devíamos ser submissas e esperar a chegada do príncipe para nos salvar. E tinha de ser o primeiro e o único!

Essa mensagem implícita da Cinderela foi repetida, ao longo dos anos, em muitos romances e comédias românticas; e marcava o papel que a sociedade atribuía às mulheres.

Quando lemos o conto original, percebemos que a Cinderela queria algo diferente da vida que levava e, por isso, sonhava com um futuro melhor.

A mensagem era: todas as soluções virão no dia em que você encontrar um príncipe. Com entusiasmo, Cinderela sonhava em poder ir à festa porque nela encontraria a solução de seus problemas.

Acreditar que a solução está em um homem

Assim as mulheres eram criadas. Acreditando que a solução de seus conflitos estava em um homem. Coitados! Quanta responsabilidade!

Mesmo atualmente podemos observar esse tipo de comportamento, como, por exemplo, quando as mulheres procuram a aprovação constante de um homem.

Ainda hoje são muitas as que continuam acreditando que precisam ser salvas e resgatadas por um homem.

Nos escraviza e limita

Não devemos procurar fora o que todos temos em nosso interior.

Acreditar que só seremos felizes quando um homem entrar em nossa vida, representa uma escravidão que nos impede de viver em plenitude o momento presente.

É uma dependência doentia que não nos ajuda a crescer e dificulta nosso desenvolvimento como pessoas.

Muitas mulheres estudam, trabalham e, inclusive, conseguem se virar sozinhas, por exemplo, quando seu carro quebra, mas ainda convivem com o desejo interior de serem salvas.

Questionar essas crenças

Isso tem a ver com o que aprendemos na infância.

Não podemos culpar nossas mães ou avós, já que elas apenas reproduziam aquilo que receberam. No caso dos meninos, ficava claro que eram educados para trabalhar, estudar, construir seu futuro e sustentar uma família.

Nós, as Cinderelas, devíamos ser boas moças e submissas, para que um homem nos escolhesse.

Observando nossos comportamentos

Até hoje mantemos comportamentos que giram, de algum modo, em torno dessa imposição de submissão e docilidade.

Por exemplo, quando temos dificuldade em tomar decisões; quando nos mostramos alegres, ainda que não estejamos, apenas para não chatear o outro; quando temos dificuldade em estabelecer limites claros; quando nos falta determinação diante de uma situação.

Liberta-nos

Pessoalmente, creio que é maravilhoso encontrar um companheiro. Mas isso não significa que, uma vez encontrado, devamos ficar penduradas em seu pescoço, à espera de que ele resolva todos os nossos problemas.

O mito da Cinderela gerou a falsa crença de que um homem nos salvará. Isso só gera comportamentos que nos limitam e escravizam.

Em uma relação homem–mulher saudável e madura, o casal caminha lado a lado. E não um na frente, e o outro atrás.

E os liberta também

Devemos confiar em nosso interior.

Cada um de nós, homem e mulher, possui uma riqueza infinita no mais profundo do nosso ser.

É preciso que as mulheres libertem a si mesmas e a seus parceiros dessa responsabilidade. Cada qual só pode ser responsável por si próprio.

Se servirmos a nosso parceiro, que seja por amor, e não porque precisamos que ele cuide de nós.

Deus contém a todos

Por trás da submissão, estão ocultos medos subjacentes, tais como: medo de fazer as coisas malfeitas; de dizer não; de expressar uma necessidade; de ficar só; de receber críticas; de ser pouco feminina etc.

Todos, homens e mulheres, têm medos e inseguranças. São fortes e fracos. São fortes para algumas coisas e fracos para outras.

É Deus que nos contém, nos apoia, nos aprova, nos capacita para seguir em frente e trazer à luz os dons e talentos que ele nos deu.

Homens e mulheres

A inteligência, a sabedoria e a capacidade é patrimônio do homem e da mulher.

Ambos recebem de Deus a capacidade para tomar boas decisões e agir.

Ocorre que as mulheres precisam exercitar-se nisso um pouco mais.

O homem e a mulher se complementam mutuamente, e esse pode ser um belo encontro, mas será saudável libertar-se das dependências que mantêm mulheres aprisionadas e homens pressionados. As mulheres não nasceram para ser dependentes.

Crescer e tornar-se uma mulher adulta significa ser responsável por si mesma, aprender a se cuidar, a se amar e a lutar para realizar os próprios sonhos.

> Uma relação de casal se consegue
> quando cada um possui um poder especial,
> e ambos se reconhecem no mesmo nível.

Conclusão

Se acreditarmos que, encontrando um parceiro, estarão resolvidas nossas inseguranças, ficaremos à mercê dele. Com isso, não só estaremos limitando nossa vida, como também gerando um enorme peso para o outro.

Lembremos que o homem e a mulher foram criados por Deus à sua imagem e semelhança; com dons e talentos que cada um deve descobrir e desenvolver.

Palavras para meditar

"Não há mais ... homem ou mulher, pois todos vós sois um só, em Cristo Jesus" (Gálatas 3,28).

Para refletir...

1. Refletir sobre nossas crenças em relação ao que significa ter um parceiro.

2. Avaliar se elas são racionais ou irracionais.

3. Julgar se essas crenças são nossas e amadurecidas internamente por nós.

4. Acreditamos que somos pessoas independentes, que buscam construir um relacionamento a dois para caminhar e crescer juntos?

5. Relembrar situações da vida cotidiana que comprovem isso.

6. Somos capazes de reconhecer nossos dons e talentos?

7. Trabalhamos para desenvolvê-los e trazê-los à luz? De que modo?

A relação de casal inclui uma vida sexual saudável e plena

> O amor é a plenitude da vida:
> como a taça cheia de vinho.
> (Rabindranath Tagore)

Amadurecemos na área sexual

Do mesmo modo que amadurecemos em outras áreas de nossa vida, também podemos fazê-lo na área sexual.

Não estamos falando de técnicas nem de posições determinadas, mas de encarar o sexo como um processo que envolve atitudes, pensamentos e sentimentos.

Existem certos mitos relacionados a esse tema que é preciso desvelar.

Um deles é o de que os homens têm necessidades sexuais e as mulheres não.

Isso não é verdade. Fisiologicamente, as mulheres manifestam os mesmos desejos e necessidades que os homens, mas o problema se origina na mente: muitas vezes o corpo diz sim e a mente diz não.

Sintonizando nossa mente e nosso corpo

Sexo é energia. As pessoas que não têm parceiro ou parceira, vão procurar sublimar essa energia em outras atividades; e aquelas que têm precisam desfrutar suas relações sexuais.

Por que, em algumas ocasiões, o corpo não coincide com a mente? Pode dever-se a diferentes razões, tais como:

- experiências sexuais negativas do passado: abuso, estupro, agressão;
- pertencer a famílias nas quais não se falava no assunto;
- acreditar que vida sexual é pecado;
- ter um relacionamento agressivo;
- usar o sexo como manipulação.

Com esse tipo de crenças e experiências, por mais que o nosso corpo esteja fisiologicamente bem, apto, preparado e diga sim, a mente vai dizer não.

Desmitificando crenças irracionais

Outro mito relacionado ao sexo é o orgasmo simultâneo.

É inegável que a possibilidade de se alcançar o orgasmo ao mesmo tempo pode ser altamente satisfatória para o casal, mas não é imprescindível nem necessária. Sua busca pode transformar o que antes era uma boa relação em um foco de conflito. É necessário conhecer e respeitar o tempo de cada um, sem forçar a barra.

Transpondo obstáculos

Obstáculos podem surgir na vida sexual quando o desejo diminui, quando o casal não conversa sobre o assunto, quando a relação esfria ou quando as partes não expressam seus sentimentos uma à outra.

Por trás desses obstáculos, pode estar havendo dificuldades em outras áreas, como na comunicação, no modo de demonstrar afeto e inclusive na parte financeira. Além disso, temos de reconhecer que alguns medicamentos, estresse ou depressão também podem provocar diminuição da libido.

Quaisquer que sejam os obstáculos, se não for possível resolvê-los a dois, é bastante aconselhável a ajuda de um profissional especializado.

A vida sexual pode se renovar

Existem casais que vivem, por muitos anos, um amor compromissado, ou de amigos, porém sem sexo. Outros casais se unem por sexo, por instinto, mas não estabelecem um compromisso nem uma amizade.

Em nenhum dos casos se encontra satisfação. Quando o amor é apenas sexual, provoca frustração, porque faltam o compromisso e o companheirismo.

Deus quer que nos amemos

Quando Deus diz que os dois serão uma só carne, está dizendo que é um amor profundo que inclui alma e corpo.

No Cântico dos Cânticos, há uma frase que diz: "Que ele me beije com os beijos de sua boca". É o amor que toca, que abraça, que se faz um com o outro.

O amor entre homem e mulher dá consistência à vida

A vida de casal requer compromisso, companheirismo, sonhos e metas em comum, e uma vida sexual prazerosa.

Deus quer que nos amemos e tenhamos seu fogo. Então, tudo o que fizermos estará bem. Quando o amor é consumado por ambos no ato sexual, produz-se a mais elevada concretização da vida e do amor. Convém lembrar que o relacionamento a dois é a fábrica da vida.

> O corpo é sagrado, tem seus jardins,
> riachos e santuários.
> O corpo é o "templo da alma", e, quando a alma
> e o corpo se tornam um,
> essa fusão das duas forças gera a vida.

Conclusão

A vida sexual conjugal é muito importante e deve ser levada em consideração para viver em plenitude.

Deus criou a sexualidade para ser desfrutada. Deus criou todas as partes de nosso corpo. Criaria Deus algo ruim ou negativo?

Podemos aprender a viver o amor a dois como uma experiência espiritual profunda: como companhia, compromisso e uma vida sexual profunda e plena.

Palavras para meditar

"Que ele me beije com os beijos de sua boca! São melhores que o vinho teus amores" (Cânticos 1,2).

Para refletir...

1. Como avaliaríamos nossa vida sexual conjugal: muito satisfatória, satisfatória, nada satisfatória?
2. Conversamos um com o outro sobre esse assunto íntimo?
3. Reconhecemos algumas das crenças irracionais mencionadas?
4. O que fazemos a respeito?
5. Diante de um obstáculo na área sexual, buscamos ajuda quando não conseguimos resolvê-lo juntos?
6. Refletir juntos sobre como renovar a vida sexual conjugal.

O verdadeiro amor precisa ser construído baseado na verdade

> Sentir o amor das pessoas que nós amamos
> é um fogo que alimenta a nossa vida.
> (Pablo Neruda)

Precisamos refletir sobre nossos vínculos

Refletir sobre nossos vínculos nos oferece a possibilidade de avançar em nosso processo de autoconhecimento.

Somente observando a nós mesmos, com atenção, será possível ver aquilo que se movimenta em nosso interior, de que maneira se desencadeia uma reação automática, quando atribuo ao presente emoções que provêm do passado.

Nas situações cotidianas

Esta reflexão deve ser realizada a sós e em silêncio, e essa atitude deve ser sustentada nas situações cotidianas.

Não é uma tarefa fácil, absolutamente, já que, em nossos vínculos, se manifestam nossos desejos e expectativas, nossos medos, nossas feridas, nossas imaturidades, nossas características menos desenvolvidas.

Todas essas questões podem ser percebidas com mais intensidade nos vínculos mais significativos; porque neles nossas defesas se reforçam.

Na intimidade

O verdadeiro amor precisa ser construído. Não é algo que vem por obra de magia, é o resultado de um trabalho consciente feito a dois. O que sim nos é dado, como nos é dado o sol, é a paixão, que não é a mesma coisa que o amor.

Para um relacionamento baseado na verdade

Quando duas pessoas se dispõem a construir um vínculo de amor, é preciso que ambas saibam que é um terreno ladeira acima.

Para que um relacionamento possa ser real e profundo, cada integrante do casal deve ater-se à sua própria verdade, o que se alcança através de um crescimento interior verdadeiro.

É importante levar em conta que, enquanto estamos gestando um vínculo verdadeiro com outra pessoa, certos vírus mentais podem eclodir. Se esses vírus não forem tratados a tempo, a relação pode adoecer.

Livre dos vírus mentais

Exemplificando:

- *Quando projetamos*: colocamos para fora conteúdos que são internos, que são nossos; sobretudo, projetamos nos outros aqueles traços nossos que não conseguimos ver ou que não suportamos ver como próprios. Como não os suportamos em nós, os combatemos no outro, pretendendo mudá-lo. Ou seja, em vez de vê-los e mudá-los em nós, queremos que seja o outro que modifique esses atributos.

Cabe a pergunta: Pode existir vínculo com o outro, quando o outro real desapareceu, distorcido por minhas projeções?

- *Quando transferimos*: além de projetar questões pessoais, costumamos transferir, aos outros, conteúdos psicológicos relacionados a antigos relacionamentos que internalizamos em nosso mundo interior, especialmente aqueles que nos machucaram. Esses vínculos anteriores são trazidos para o agora, contaminando o presente com o passado.

Se não reelaborarmos nosso passado, fazendo uma limpeza mental, curando velhas feridas, o inconsciente nos apresentará esse passado não resolvido repetidas vezes.

Assim, o que fazemos é cobrar, a quem está hoje conosco, contas velhas que não lhe pertencem.

- *Quando tentamos diminuir a intensidade emocional de um determinado momento na relação*: por não sabermos como lidar com esse momento afetivo, evitamos essa situação vincular de diferentes maneiras; e todas propensas à superficialidade. Por exemplo: fazendo troça, repetindo frases feitas como: ela diz "te amo", e ele responde "já vai passar", ou ele diz "você é tudo para mim" e ela responde "você diz isso a todas". Parece que se evita a intimidade, a alegria, o prazer, sabotando o encontro, gerando divergências e atritos.

- *Quando nos perdemos no outro*: assim como um rio que, ao desembocar em outro, desaparece como tal, nos relacionamentos costuma acontecer algo similar.

Um dos parceiros se perde no outro, adaptando-se às necessidades da outra pessoa e se esquecendo das suas.

O paradoxal disso é que, se uma das partes desaparece, perdendo-se na outra, então não existe vínculo! Para que um vínculo exista, são necessárias pelo menos duas pessoas. Esse perder-se no outro gera ressentimento, pois, na verdade, ninguém gosta de ser ninguém: faltou o respeito a si mesmo e convida-se o outro a fazer o mesmo.

- *Quando contraímos o vírus das expectativas*: ao surgir alguém em nossa vida, queremos que coloque a roupa que confeccionamos desde crianças ou adolescentes. Se não lhe serve, ao invés de trocar o tamanho impróprio da roupa, tentamos, a todo custo, aumentar os braços e encurtar as pernas.

Portanto, satisfazer as nossas expectativas se transformará para o outro em uma carga densa e pesada, que o impede de ser aceito tal como é e tal como está.

Com esse vírus, parece que sempre falta alguma coisa, nada é suficiente.

Qual é o resultado? Decepção, frustração, desilusão.

Se subtrairmos de uma relação as expectativas, talvez será possível começar a construí-la a partir de quem somos de verdade.

> A relação com o outro me define.
> Concordo com a maneira pela qual conduzo,
> com o outro, a relação.
> Construímos a relação e nela nos fazemos.
> Somos produto ou consequência do entre-nós
> (Martín Buber).

Conclusão

Para conseguir uma relação saudável, é preciso gestar nossos vínculos, trabalhá-los, construí-los, já que eles não acontecem apenas pelo encontro com o outro.

É muito importante estar vigilantes ao ataque desses vírus mentais e, com isso, evitar que distorçam a realidade e nos impeçam de conhecer o outro a partir da verdade.

Palavras para meditar

"O amor ... fica alegre com a verdade" (1 Coríntios 13,6).

Para refletir...

1. Reconhecemos alguns dos vírus mentais mencionados?
2. Qual/quais?
3. Relembrar situações da vida cotidiana do casal que correspondam a eles.
4. Pensar e escrever de que maneira podemos fazer uma "higiene mental".

Para que nossos vínculos de casal sejam plenos, ricos e cheios de significado

Todos os seres humanos têm dentro de si a semente do amor. Entretanto, essa semente não pode germinar sem nossos cuidados. Somente nós podemos fazê-la crescer em nosso coração, para depois partilhá-la com aqueles que nos cercam.

Para desenvolver uma autoestima saudável

Hoje já se sabe que a autoestima é muito importante para uma vida saudável.

A questão é: como podemos desenvolvê-la?

Um dos meios para desenvolvê-la e consolidá-la é a prática da assertividade.

O que é assertividade? É uma habilidade social de enorme importância em nossa vida, sobretudo se quisermos que nossas relações com outras pessoas sejam plenas, ricas e cheias de significado.

Precisamos aprender a ser assertivos

"Assertividade" é uma palavra que vem do latim *asserto*: afirmar, sustentar e dar uma coisa como líquida e certa.

Em inglês, seu significado pode ser traduzido como: aquele que se mostra firme, seguro e positivo ao fazer suas afirmações.

Em espanhol, pode ser definido como: aprender a enfrentar os problemas, os conflitos da vida e as relações com pessoas envolvidas no dito problema e conflito.

E em português: capacidade de ser claro e afirmativo em relação àquilo que se pensa, quer, sente ou faz.

Resumindo, assertivo é aquele que sabe relacionar-se com as pessoas e com o mundo a seu redor, reconhecendo-se e aceitando-se tal como é, sem necessidade de justificativas.

Em nossos vínculos primários

Qual é o entrave que impede nossa assertividade de se desenvolver?

Por que não somos assertivos?

Por que algumas vezes preferimos ocultar nossos reais sentimentos? Por que nos deixamos levar pela raiva e agredimos os outros? Por que muitas vezes preferimos fugir dos problemas, ao invés de enfrentá-los?

A falta de assertividade foi sendo construída em nossos vínculos primários.

Por exemplo, a mamãe quer descansar, então pergunta à criança: "Por que você não vai brincar com sua irmãzinha ao invés de ficar aqui? Você nunca brinca com ela, pobrezinha... seja bonzinho... desse jeito ela não vai mais gostar de você e nunca mais vai querer brincar com você...".

Sem perceber, essa mãe está manipulando o filho emocionalmente.

Se ela fosse assertiva, diria: "Sei que você gosta de brincar aqui, mas no momento estou precisando descansar, por favor, vá brincar em outra parte da casa".

Aprendemos a estabelecer vínculos

Essas situações da infância nos levaram a desenvolver um comportamento não assertivo.

Esses mesmos padrões de comportamento são transportados para a vida a dois.

Não dizemos claramente o que estamos sentindo ou pensando, ao invés disso, preferimos utilizar subterfúgios, em uma manipulação mútua, para conseguir que o outro aja como desejamos.

Em lugar de dizer: estou chateada com você por essa ou aquela situação específica, lançamos o costumeiro: agora não... estou com dor de cabeça.

Quando nos valemos de atitudes manipuladoras ou ocultamos nossos sentimentos e emoções, não estamos sendo assertivos.

Com a pessoa de comportamento assertivo

A prática da assertividade dentro da relação a dois deve levar a pessoa a:

- Ter liberdade para se manifestar tal como é.
- Agir sendo honesta com si mesma.
- Ser capaz de defender seus direitos, do mesmo modo que respeita o direito do outro.

A pessoa que aprendeu a se comportar de maneira assertiva:

- Sente uma grande liberdade para se manifestar, expressar o que é, o que pensa, o que sente e deseja.
- É capaz de se comunicar com facilidade e liberdade com qualquer pessoa, seja estranha ou conhecida, e sua comunicação se caracteriza por ser direta, aberta e franca.
- Em todas as suas ações e manifestações, respeita a si mesma e aceita suas limitações; desenvolve a autoestima; enfim, estima e ama a si mesma tal como é.
- Sua vida tem um enfoque ativo, pois sabe o que quer e trabalha para consegui-lo, fazendo o que for preciso para que as coisas se realizem, sem ficar esperando passivamente que aconteçam.

Quero amar-te sem asfixiar, apreciar-te sem julgar,
unir-me a ti sem escravizar, convidar-te sem exigir,
deixar-te sem me sentir culpada, criticar-te sem ferir
e se puder obter o mesmo de ti,
então poderemos realmente nos encontrar
e enriquecer mutuamente.

(Virginia Satir)

Conclusão

A prática da assertividade produz um relacionamento diferente com nosso parceiro, e este, por sua vez, também começa a se relacionar de maneira distinta.

Quando passamos a agir de maneira mais franca e aberta, aprendemos a defender nossas opiniões e a fazer-nos respeitar sem agredir, a outra parte também reagirá de modo diferente.

Esse novo enfoque na relação de casal nos permitirá novas e positivas experiências, que ajudarão a desenvolver nossa capacidade de amar e amadurecer junto com nosso parceiro ou nossa parceira.

Palavras para meditar

"Dai-me, Senhor, a perseverança das ondas do mar, que fazem de cada recuo um ponto de partida para um novo avanço" (Gabriela Mistral).

Para refletir...

1. Reconhecer nossos direitos e respeitá-los em nós e no outro.
2. Sentir-nos livres para nos manifestar tal como somos.
3. Expressar nossos sentimentos, sejam eles de raiva, sejam de ternura, para que nosso parceiro saiba identificar a reação que seu comportamento nos produz.
4. Agir de modo a aumentar nossa autoestima e nosso autor-respeito.
5. Não confundir assertividade com agressão. Lembrar que a assertividade nos permite defender os próprios direitos e, ao mesmo tempo, respeitar os direitos alheios.

6. Examinar com frequência nossas atitudes na relação de casal e determinar as áreas em que gostaríamos de melhorar a assertividade.
7. Praticar a assertividade em assuntos sem importância e melhorá-la em assuntos mais difíceis.

Para que o amor possa fluir precisamos aceitar nossos pais do jeito que são

> Só somos capazes de dar
> quando antes recebemos.
> (Bert Hellinger)

Ficamos irritados com nossos pais

No caminho da maturidade pessoal, muitos transitam pela irritação para com os pais; isso acontece porque têm expectativas muito altas com relação a eles.

Dizemos que poderiam ter sido diferentes, que poderiam ter agido de modo diferente etc. Parece que esperamos que sejam perfeitos.

Porque esperamos que sejam perfeitos

Na verdade, nossos pais são, simplesmente, seres humanos, por isso mesmo cometem erros, como todos.

E exigimos a mesma coisa de nosso parceiro

Quando conseguimos nos libertar dessas expectativas de perfeição com relação a nossos pais, e os acolhemos tal como são em nosso interior, podemos ir mais além e crescer no amor maduro e saudável.

Quando não conseguimos, ficamos impossibilitados de amar outras pessoas. Do mesmo modo que exigimos perfeição de nossos pais, nós o faremos com nosso parceiro.

Olhar nossos pais tal como eles são

Podemos fazer uma reflexão e olhar para nossa mãe tal como ela é, uma mulher comum e atual, com acertos e equívocos, e dizer-lhe que a amamos do jeito que é, e assim a recebemos em nosso coração. Acolhemos o sentimento de que ela é a melhor mãe que podemos ter, porque essa foi a vontade de Deus. Essa é a mãe que ele escolheu para nos trazer à vida. A essa mãe dizemos "obrigada" e "sim". Deixamos de lado as expectativas infantis e a aceitamos do jeito que é. O mesmo podemos fazer com nosso pai.

Dizer-lhes obrigado

Ao agradecer e aceitar nossos pais como são, o amor fluirá, outra vez, entre nós. Um amor saudável, maduro, real, transparente, livre, que, além do mais, nos permitirá ser quem somos, tal como somos, livres de exigências de perfeição que nos tornam amargurados e sérios demais para aproveitar tudo que a vida oferece a cada momento.

E "sim"

É todo um exercício que nos reconecta com o verdadeiro e profundo amor.

Aceitar os pais tal como são equivale a dizer "sim" à vida, é dizer "sim" a Deus.

Graças à vida que tivemos e aos nossos pais, assim como foram, é que hoje podemos ser quem somos.

Enche-nos de força vital

Receber de nossos pais tudo aquilo que nos deram, do modo como aconteceu, nos enche de uma verdadeira e profunda força que nos impele a ir mais além, a dar com acréscimo o que recebemos. É uma força a serviço da vida e do amor. Um amor saudável, com menos fantasias, menos expectativas; verdadeiro e real, com os pés no chão.

Capacita-nos para amar de maneira saudável

Ocupar o lugar de filhos diante de nossos pais, e amá-los do jeito como são, nos torna capazes de estabelecer vínculos de modo maduro e saudável, em relações de reciprocidade nas quais damos e recebemos equilibradamente.

> Só o amor que vê os pais tal como são,
> e aceita que sejam como são,
> que aceita a vida assim como fluiu deles para nós,
> só esse amor pode crescer.
>
> (Bert Hellinger)

Conclusão

Receber o que vem de nossos pais nos fortalece para crescer no amor maduro e saudável.

Palavras para meditar

"Parai um pouco na estrada para observar, e perguntai sobre os antigos caminhos, qual o melhor para seguirdes por ele, assim encontrareis um lugar tranquilo para viver" (Jeremias 6,16).

Para refletir...

Refletir sobre o vínculo com nossos pais.

1. Conseguimos vê-los como seres humanos, não perfeitos, com acertos e erros como qualquer pessoa?
2. Aceitamos a vida tal como veio por meio deles?
3. Somos gratos a eles?
4. Honramos nossos pais?

Fazer o seguinte exercício: procure um lugar confortável, em silêncio e a sós. Respire profundamente várias vezes até se sentir relaxado. Visualize seus pais na sua frente. Primeiro, olhe nos olhos de sua mãe, dizendo: "Mãe, recebo você como minha mãe do jeito que você é. Agradeço pela vida que me deu. Recebo-a de você e sem condições. Agradeço por ser minha mãe. Tudo o que preciso vou lutar para ter. E, para demonstrar minha gratidão, me coloco a serviço da vida". Em seguida, olhe nos olhos de seu pai, dizendo: "Pai, recebo você como meu pai do jeito que você é. Agradeço pela vida que me deu. Recebo-a de você e sem condições. Agradeço por ser meu pai. Tudo o que preciso vou lutar para ter. E, para demonstrar minha gratidão, me coloco a serviço da vida". Finalize com esta frase: "Graças à união e amor de vocês, tenho a vida. Assim, do jeito que sou, recebo o desafio da vida e me coloco a seu serviço".

Eixo 2

Encontro e desencontro com o outro

Homens e mulheres, lembrem-se de suas diferenças e evitarão conflitos absurdos

> Quando homens e mulheres são capazes
> de respeitar e aceitar as suas diferenças,
> então o amor tem uma chance de desabrochar.
> (John Gray)

Homens e mulheres

O autor do livro *Homens são de Marte, mulheres são de Vênus*, John Gray, explica muito bem as diferenças que existem no olhar e na atitude de homens e mulheres diante da realidade.

Gray ressalta que os conflitos surgem quando esquecemos essas diferenças, desejamos que os outros queiram o mesmo que queremos e sintam o que estamos sentindo e pressupomos que irão reagir do mesmo modo que nós.

Têm diferenças

Por isso, para evitar conflitos absurdos ou nos tornarmos pessoas exigentes, ressentidas, chatas e intolerantes, será necessário um tempo para reconhecer com clareza nossas diferenças e crescer no amor com respeito e compreensão.

Eles focam os objetivos

Uma das queixas mais comuns dos homens com relação às mulheres é que elas sempre estão querendo encontrar um jeito de mudá-los. Isso acontece porque as mulheres querem ajudá-los a se tornarem pessoas melhores. Mas, na verdade, os homens só precisam mesmo é de serem aceitos, porque, quando se tenta mudá-los, eles entendem que lhes estão sendo apontados seus defeitos.

Então, o que acontece: de um lado estão elas, que têm certeza de que estão ajudando, e, de outro lado, eles, que se sentem criticados e até humilhados.

E têm interesses diferentes

De modo geral, os homens gostam das atividades ao ar livre, como a pesca, o futebol, as corridas de carro. Eles procuram alcançar seus objetivos usando os próprios meios, e não suportam que lhes digam o que devem fazer, pois, nesse caso, entendem que não conseguem tomar decisões sozinhos.

Elas estão abertas às relações

Em contrapartida, as mulheres são movidas por interesses bem diferentes, como os sentimentos, as pessoas, o romance, a comunicação, a beleza, a espiritualidade.

Gostam de trocar de roupa todos os dias, de acordo com o que estão sentindo, gostam de conversar, participar e se relacionar. As mulheres são intuitivas e, em geral, conseguem antever as necessidades dos demais; sentem prazer em dar e receber conselhos, mas, na visão masculina, isso significa que não confiam em sua capacidade.

E precisam ser ouvidas

Como as mulheres gostam de falar e buscam intimidade e companheirismo, se os homens não tiverem consciência das diferenças, vão tentar sugerir a elas um sem-fim de soluções, sempre que quiserem compartilhar algo sobre suas vidas. A verdade é que as mulheres preferem expressar-se falando e precisam ser ouvidas, sem que, no entanto, lhes sejam oferecidas soluções.

É importante reconhecer-se!

O universo feminino é muito diferente do dos homens, e eles, muitas vezes, têm dificuldade para entender isso. E o mesmo acontece com as mulheres.

Por isso, precisamos esclarecer essas questões muito sutis, para evitar conflitos absurdos, em que as pessoas falam a partir de perspectivas completamente opostas. Ter consciência disso ajuda a descentralizar-nos de nós mesmos e a procurarmos ver desde a perspectiva do outro, entendendo que é tão válida uma forma de visão das coisas quanto a outra.

> Quando homens e mulheres são capazes
> de respeitar e aceitar as suas diferenças,
> então o amor tem uma chance de desabrochar.

Conclusão

Homens e mulheres têm diferentes formas de enfrentar a realidade. Os homens costumam manter o foco nos objetivos, enquanto as mulheres priorizam as relações. Reconhecer as diferenças nos ajuda a evitar discussões absurdas e a crescer em compreensão e amor em nossa relação a dois.

Palavras para meditar

"A paz está na terra. Aqui ela é possível, e aqui ela é procurada" (Bert Hellinger).

Para refletir...

1. É possível reconhecer as diferenças entre a visão masculina e a feminina da realidade?
2. Reconhecemos essas diferenças em nós mesmos?
3. E em nosso parceiro?
4. Relacionar situações da vida cotidiana que reflitam os itens 2 e 3.

A importância do diálogo na relação a dois

> Quando temos consciência de nossa interioridade,
> podemos fazer uso de nossa liberdade.

O diálogo é um aspecto importante

O diálogo é um aspecto importante em qualquer vínculo.

Vejamos um exemplo: Raul namora com Melina há seis meses. Hoje, pela manhã, combinaram de sair para caminhar juntos no fim da tarde. Ele teve um dia estafante, e, na hora marcada, sente-se muito cansado. Argumenta consigo mesmo: "Se eu não for, ela vai ficar chateada... eu também não ia gostar nada se ela mudasse de ideia em cima da hora, combinado é combinado...". Assim, Raul decide ir e não atender os sinais do seu corpo, que o convidam ao repouso.

Subjetividade-objetividade

Raul pensou no que não gostaria que lhe fizessem, a partir de seu próprio mundo interior. Ele tomou a decisão com base na sua subjetividade, sem falar com Melina. Talvez ela tivesse compreendido seu cansaço, e ambos poderiam encontrar-se mais tarde.

Na ausência de diálogo, entre a subjetividade (mundo interior) e a objetividade (mundo exterior), prevaleceu a subjetividade do Raul.

Por que estou agindo assim?

Frequentemente, somos demasiadamente rígidos, não atendemos a nossas necessidades e, em nome de um amor malcompreendido, podemos perder de vista o cuidado que devemos para com nós mesmos.

É importante estar consciente e saber por que estou tomando determinada decisão: se decido comparecer ao encontro, apesar do cansaço, preciso saber o que me leva a renunciar à minha necessidade de descanso, e diferenciar se é medo da irritação do outro ou medo de ser abandonado por não corresponder às expectativas. Desse modo, não estaria sendo livre, mas sim condicionado por meus próprios medos.

Expressar o que sentimos

Nesse caso, o mais inteligente seria poder conversar com o outro, expressar o que estamos sentindo, para, juntos, trabalharmos os medos que surgem no relacionamento. Esse é o caminho para um amor saudável e maduro.

Talvez a minha decisão esteja sendo motivada por uma vontade exagerada de corresponder ao outro, satisfazer suas necessidades... mas isso implicará que eu seja responsável por minha escolha e que, assim, não cobre por isso mais tarde: "No outro dia saí para caminhar com você mesmo me sentindo muito cansado, e agora você vem dizer que não vai...".

É importante observarmos a nós mesmos, para ter consciência do que nos move quando optamos por algo.

Para construir o vínculo de casal

O amor não é algo presenteado: é algo que se constrói dia após dia, mediante o uso de nossa consciência. Por isso, para construir um vínculo diariamente, é necessário estar conectados, gerando juntos um espaço de intimidade emocional, de autoconhecimento e de conhecimento mútuo.

Deixar acontecer naturalmente

Quando construímos um vínculo afetivo a partir da confiança, podemos expor o que sentimos, o que está acontecendo, para juntos aprendermos a "aceitar as coisas como são", "a deixar que aconteçam naturalmente", crescendo juntos no caminho do amor.

Quem ama de verdade, aceita o outro tal como é, porque já aprendeu a deixar de lado a expectativa de querer moldá-lo conforme a sua vontade.

É o segredo

Não só temos medo da rejeição ou do abandono, mas também da transformação interior que um vínculo representa. Abrir-se a novos aprendizados é o segredo.

> Viver melhor, menos angustiados, menos alienados
> e com mais qualidade de vida,
> é uma escolha que só podemos fazer
> quando aprendemos a observar nossa própria jaula.
> A salvação não é um indulto, é a liberdade,
> a saúde, o conhecimento, a vida.
> (Clemente de Alexandria, Atenas, 150 d.C.)

Conclusão

Ter consciência de nossa interioridade, escutar nossas reais necessidades e comunicá-las, é essencial no momento de construir uma relação de casal.

Palavras para meditar

"Amarás teu próximo como a ti mesmo" (Marcos 12,31).

"... Mas sem perder de vista que a medida é 'você mesmo'. Para ser útil aos outros, o importante é você, seja feliz você, e seus irmãos se encherão de alegria" (Ignacio Larrañaga).

Para refletir...

1. Reconhecemos nossas necessidades e sentimentos?
2. Agimos em coerência com eles?
3. Conseguimos expressá-los com clareza ao nosso parceiro?

Quando escutamos nosso parceiro, estamos honrando-o... e nos honramos também

> É suficiente ter um bom parceiro,
> não precisa ser perfeito,
> pois o que é perfeito não se desenvolve,
> já está pronto.
> A imperfeição é estimulante
> e permite às duas pessoas crescerem juntas.
> (Bert Hellinger)

Quando resolvemos passar sermão

Se observarmos, quando nos dedicamos a repreender uma pessoa porque acreditamos que ela precisa ouvir um sermão, para se tornar alguém melhor, na realidade estamos projetando nela nossas próprias inseguranças. Em geral, projetamos no outro, repreendemos o outro e inclusive ajudamos o outro com relação a algo que, na verdade, precisaríamos modificar em nós mesmos.

Estamos falando

É possível que algo daquilo que estamos dizendo ou que nos dizem seja correto. Entretanto, a questão aqui é que quem resolve passar sermão precisa na verdade escutá-lo, precisa escutar-se. É "o eu que fala ao eu", mesmo quando acredita que é o outro que precisa ouvir.

A nós mesmos

Algo semelhante acontece com aquelas pessoas que se desesperam em ajudar os outros: o que estão fazendo é expressar a própria carência ou insegurança, manifestando-a como se pertencesse aos outros. São elas próprias, na realidade, que precisam de ajuda.

Podemos reconhecer nossas partes inconscientes

Uma determinada situação vivida ativou alguma carência ou insegurança até então oculta. Com isso, vemos que, na relação de casal, somos mestres um do outro: nessa ligação íntima, questões ocultas ou desconhecidas a nós mesmos se manifestam, gerando uma excelente oportunidade de nos conhecermos e crescermos.

E os mecanismos

Crescer, aprender e amadurecer significa ter consciência da verdade.

Quando passamos sermão em alguém, pretendemos estabelecer controle sobre essa pessoa; e a colocamos em posição de inferioridade, não de igualdade. A igualdade é um aspecto elementar em um casal.

Que nos afastam da verdade

É preciso evitar cair nesse jogo de poder e controle, porque isso não nos ajuda a amadurecer no amor saudável e maduro.

Dar espaço para que o parceiro ou a parceira se expresse, com uma postura amorosa e gentil, permitirá enxergar o conflito por outro ângulo. Além disso, essas situações nos oferecem a oportunidade de tomarmos consciência de algo sobre nós mesmos.

Escutar e permitir que o outro se expresse

Escutar o outro é uma forma muito especial de amá-lo, é honrar o que ele sente e necessita expressar. Façamos o possível para escutar gentilmente, com confiança, evitando ficar na defensiva.

Resistir a escutar o outro, independentemente do quão inteligente ou descabido seja seu relato, é depreciar sua realidade, sua necessidade.

Quando resistimos a ouvir o que alguém
tem a dizer sobre nós,
é possível que nos sintamos inseguros
acerca da verdade de nosso ser.
Quando sabemos quem somos,
o que os outros nos dizem já não nos afetará muito mais.
Quando amadurecemos,
sabemos que a opinião dos outros a nosso respeito
é assunto deles e não nosso.
Quando o vínculo é importante,
escutamos por respeito e amor,
reconhecendo a projeção que, muitas vezes, se dá em nós.
Quando já não há resistência interior
em ouvir coisas que nos dizem respeito,
podemos, então, reconhecer nosso autocontrole.

Conclusão

Na relação de casal, permitir que o outro se expresse, deixando que exponha a verdade que necessita dizer em razão de suas próprias inseguranças inconscientes, é honrá-lo e honrar-nos... porque somos um só!

Palavras para meditar

"As almas grandes levam muito em conta as coisas pequenas" (São Josemaría Escrivá de Balaguer).

Para refletir...

1. Como reagimos quando nosso parceiro se mostra chateado?
2. Como nos sentimos a respeito do modo como reagimos?
3. O que acontece, depois, entre ambos?
4. Estamos dispostos a ouvir o parceiro, quando ele necessita? É recíproco?

Querer que o outro seja conforme a nossa vontade, afasta-nos do paraíso

> Quando deixamos para trás a diferença
> entre o certo e o errado,
> aí começa o paraíso em nossa alma.
> (Bert Hellinger)

Amar incondicionalmente

Amar estabelecendo condições é amar sem maturidade.

O aprendizado que temos pela frente é: amar o outro do jeito que ele é.

Implica aceitar o outro do jeito que é

Aceitar o outro e não querer modificá-lo, pois, do contrário, se a pessoa não é o que buscamos em um parceiro ou parceira, será preciso tomar decisões sobre a relação.

Seria o caso de dizer: "Estou terminando a relação porque aceito você como é, porém, não é alguém assim que quero para mim".

Com responsabilidade

O que queremos realmente?

Temos de saber o que queremos do outro. Muitas vezes nos sentimos insatisfeitos, mas nem mesmo sabemos o que queremos de nosso parceiro.

> Tudo que evolui passa necessariamente
> por momentos de crise:
> um país, um casal, uma amizade, uma pessoa...
> Uma estrutura velha, que já não resiste,
> vai se desmontando,
> e surge a oportunidade de construir algo que seja
> mais verdadeiro, mais maduro, mais vital.

Conclusão

Crescer para o amor maduro e saudável pressupõe aprendermos a aceitar o outro tal como é, distanciando-nos cada vez mais da ideia infantil de querer que o outro se amolde à nossa vontade.

Palavras para meditar

"... Examinai tudo e guardai o que for bom" (1 Tessalonicenses 5,21).

Para refletir...

Refletir sobre estarmos aceitando nosso parceiro do jeito que é ou se, na verdade, fazemos de tudo para que ele se amolde à nossa vontade

Renovar a vida matrimonial é responsabilidade dos dois

> Em meio à uma situação difícil
> existe uma fonte de água.
> Só que, algumas vezes, não a vemos.

Todos os casais passam por fases

- Paixão
- Conquista
- Projetos em comum

Paixão

Esta fase começa quando os dois se conhecem. Para os apaixonados, tudo é lindo, surpreendente, tudo encanta no outro. É o período onde se ouvem frases como: "Como você se expressa bem", "Como você é elegante e como sabe se cuidar", "Que carinhosa e simpática", "Que mãos lindas", "Que lábios bonitos", "E os sapatos, sempre elegantes".

Conquista

Esta é a fase em que queremos estar o tempo todo juntos. Gostamos da companhia um do outro e o ato da conquista nos motiva.

Projetos em comum

Nesta fase, nos perguntamos sobre o que vamos fazer juntos, para onde vamos.

Surgem os projetos em comum como: família, filhos, uma casa, um carro etc.

Precisamos manter a chama acesa

Essas fases vão se manifestando na relação a dois, mas o problema surge quando as duas primeiras esfriam. Ou seja, vamos perdendo a atração pelo outro, o desejo de descobri-lo, de conquistá-lo.

Obviamente os dois mudam, não são mais os mesmos que no início da relação, mas é preciso manter algum grau de conquista.

Vai ser preciso despertar a criatividade, para não cair na rotina.

Livres dos muros que nos separam

Um muro que nos separa é a passividade de um dos dois.

Quando uma das partes é a que exerce a autoridade, toma as decisões, e a outra se coloca em atitude passiva, não assume responsabilidades, conforma-se, a vida do casal se torna rotineira e aborrecida.

Quando ele é a parte passiva, a mulher se encarrega de tudo, inclusive é possível que seu papel se confunda com o de "mãe", ao invés de "mulher". Até o dia em que ela se cansa de assumir esse papel, a crise se desencadeia e com ela surge a oportunidade de tomar consciência da situação e ocupar cada um o lugar que lhe cabe: cônjuge, par, igual.

Quando ela é a parte passiva, é provável que ele seja autoritário e a trate mal. Ela, em sua passividade, não tomará decisões ou esperará que alguém resolva os problemas que ela não resolve.

Começar a mudança por nós

Se vemos que nosso parceiro é passivo, não adianta esperar que ele mude.

Vamos começar modificando a nós mesmos! Mudemos de papel. Se acreditarmos que o problema é do outro, ficaremos à mercê das circunstâncias. Se nos colocarmos como vítimas na situação, nada se resolverá. Por algum tempo, nos libertaremos da ansiedade que a situação nos provoca, mas o problema continuará. Na relação de um casal, ambos são responsáveis.

Desfrutando fazer as coisas juntos

A ausência de projetos em comum, ou de compartilhar algumas atividades juntos, faz com que nos afastemos do outro, mesmo vivendo sob o mesmo teto.

Para se reconectar com o parceiro

Temos de ter conhecimento da existência dos muros que nos distanciam, para poder detectá-los quando eles nos confrontam e nos reconectar com nosso parceiro.

Por incrível que pareça, existem pessoas que pensam que vão estar melhores quando ficarem viúvas. Por trás disso, esconde-se a falsa crença de que o problema está no outro, além de revelar uma atitude de negação na hora de enfrentar os problemas.

E lembrar-se da importância do carinho

Quando pequenos, somos acarinhados, recebemos beijos e abraços como manifestação de amor.

Muitas vezes, esquecemo-nos disso em nossa vida de casal. Todos têm necessidade de se sentir amados.

Devemos semear... para depois colher.

> A ternura é imprescindível
> para manter o afeto e a proximidade do casal...
> É um modo de acarinhar o tempo compartilhado.

Conclusão

Quando nosso parceiro está em crise, é importante reconhecer a nossa responsabilidade perante a situação. Não devemos esperar ou exigir que o outro mude, e sim transformar, juntos, as questões do relacionamento que não estão saudáveis e que dificultam nosso desenvolvimento como pessoas. Podemos aprender a nos divertir e desfrutar enquanto casal.

Palavras para meditar

"... esquecendo o que fica para trás, lanço-me para o que está à frente...".

"No entanto, qualquer que seja o ponto a que tenhamos chegado, continuemos na mesma direção" (Filipenses 3,13-16).

Para refletir...

1. Em qual dessas fases se encontra nossa relação a dois?
2. Existem muros que nos isolam um do outro?
3. Podemos traduzi-los em palavras e anotá-los?
4. O que podemos fazer para derrubá-los?
5. Somos afetuosos com nosso parceiro? E nós, recebemos afeto?
6. Em caso negativo, temos conversado sobre isso, expressado claramente nossa necessidade de receber afeto?
7. Quais são as atividades que realizamos juntos?
8. Refletir sobre como podemos reacender a chama do nosso amor.

Quando o amor deixa marcas, podemos aproveitar a experiência para evoluir

O amor é uma bela e excelente maneira de lidar com antigas feridas... e curá-las.

As feridas podem transformar-se em aprendizado

Muitas pessoas se feriram na busca pelo amor. No entanto, isso pode servir de ensinamento com respeito ao modo como nos relacionamos com os outros e com nós mesmos.

Quando o amor é unilateral

Qual é o significado de amor unilateral?

Quando duas pessoas não estão apaixonadas uma pela outra, mas ambas pela mesma pessoa. Um exemplo concreto: uma mulher ama seu parceiro, perdidamente, e ele ama a si mesmo e não dá espaço para outra pessoa. Ele é o centro da relação.

Quando não há reciprocidade na relação, costuma tratar--se de um amor imaturo, que não é saudável para nenhum dos dois.

É uma forma doentia de se relacionar

Como reconhecê-la?

Alguns aspectos dessa relação doentia são:
• Falta de reciprocidade.

- Identidade frágil: a pessoa não sabe quem é nem para onde vai. Tem mais clareza sobre o que o outro quer, deseja ou prefere, do que sobre o que ela mesma quer.
- Vive em função da necessidade do outro e não da sua própria.
- No momento de optar, não pensa "o que estou precisando", e sim "o que agradará mais aquela pessoa".
- Inclusive, antevê as necessidades que o outro possa ter e dedica parte do seu tempo a satisfazê-las, mesmo que nada lhe tenha sido pedido.
- Manifesta compulsão por dar e, com frequência, não sabe receber. Sente-se desconfortável quando lhe oferecem algo ou a elogiam, ficando mais segura quando é solicitada.
- Está tão ocupada em atender a necessidade da outra pessoa, que distorce a percepção que tem dessa pessoa.

Nesse tipo de relação, a confusão reina. Um se perde no outro, ou tem sua identidade diminuída. Poderíamos desenhar isso da seguinte maneira:

Ela ou Ele   Ele ou Ela

O vínculo é com a imagem

Enquanto persistirmos nessa armadilha do relacionamento, uma percepção seletiva do outro se vai desenvolvendo. Ou seja, escolhemos as características que queremos ver e descartamos aquelas que podem mudar a imagem que tanto admiramos nesse alguém. Quem vivencia esse tipo de dificuldade, na verdade, não está relacionando-se com ninguém.

Relaciona-se apenas com a imagem que criou da outra pessoa, e, o que é ainda pior, ele próprio se perdeu pelo caminho.

Essa é uma situação bastante dolorosa, totalmente distante do verdadeiro amor.

De acordo com A. Maslow, trata-se do "amor deficitário": construído com base nas carências da pessoa.

Com obsessão e apego

Os seres humanos tendem a buscar a união com outra pessoa.

Esse impulso, ao se expressar, atravessa o filtro de nosso ego, de nossa personalidade. Então, esse impulso vital de reencontro, de união com o outro, se distorce e se transforma em apego. [1]

Como? Escolhemos outra pessoa e ficamos obcecados por ela, e, talvez, essa pessoa nem tenha muito a ver conosco. Mas, quando nos damos conta, já fomos laçados, e com a nossa carência e necessidade, demandamos obsessivamente a resposta do outro. Geralmente, o que buscamos é uma conexão com nós mesmos.

É o produto de uma identidade mal resolvida

Quando a pessoa não está conectada com sua própria identidade, não sabe quem é nem para onde quer ir, esperará que o outro possa conectá-la com a vida. Desse modo, colocará o outro no papel de condutor de sua vida. Isso gera uma dependência doentia para um dos parceiros, enquanto, para o outro, é motivo para desejar fugir da situação. Ser tudo

---

[1] Ver: BUTTERA, María G; RÉ, Roberto F. de. Madurando nuestros apegos. San Pablo.

para alguém representa uma carga muito pesada, o que deixa a pessoa diminuída como indivíduo.

Como acabar com o fascínio?

Costumamos detectá-lo, porque nosso interior nos envia diferentes tipos de avisos: ansiedade, medo, sintomas físicos, angústia intensa, depressão etc. Algo nos indica que não estamos fazendo as coisas da maneira correta. Quando estamos mergulhados no problema, é muito mais difícil enxergá-lo.

Como dizia Carl Jung: "Como encontras o leão que te devorou?".

Mas há um detalhe importante: o amor verdadeiro não comporta angústia e muito menos ansiedade, mas pode ser gerado, à medida que se vai formando um tipo de vínculo mais saudável e mais real.

Sair da dependência afetiva

Para sair da "dependência afetiva" não existem receitas. O mais importante é perceber que o problema não está no "outro".

Algumas vezes, caímos na armadilha de acreditar que, se o outro mudasse, tudo se acertaria. Entretanto, na verdade, o problema reside em nós mesmos. Se não resolvo esse problema, repetirei esse mesmo padrão em outras relações.

É preciso parar com coisas do tipo: "você me fez isso", "você não me fez aquilo" e mergulhar mais fundo. O problema pode estar associado a uma carência afetiva que não foi causada pela pessoa com quem agora nos relacionamos.

Quando trabalhamos verdadeiramente essa dificuldade, os fios que nos mantêm mal amarrados ao outro começam a ser cortados.

Rumo ao verdadeiro amor

É esse amor em que há dois indivíduos, bem diferenciados, que se doam, reciprocamente, um ao outro. O que doam? Aquilo que nutre a ambos para que possam crescer.

É um vínculo onde existe autonomia, independência e, consequentemente, uma verdadeira possibilidade de encontro.

Quase todos transitamos pelo amor deficitário, antes de chegar ao amor verdadeiro, que dificilmente ocorre com a mesma pessoa.

O amor saudável requer um trabalho conjunto para que se estabeleça uma reciprocidade saudável.

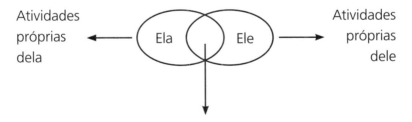

Projetos em comum, juntos.
Por exemplo: família, viagens, filhos etc.

Conectados com nossa interioridade

Para que o amor possa fluir através de nós, é preciso ter trabalhado o vínculo com nossos pais, uma vez que eles são o primeiro amor em nossas vidas.

O amor saudável será possível, se a forma como nos relacionarmos com nós mesmos também for saudável, e se estivermos conectados interiormente.

Amor verdadeiro e amor imaturo convivem dentro de nós

Pode uma mesma pessoa experimentar amor verdadeiro e amor imaturo ao mesmo tempo? Por experiência própria, respondo que sim. Não somente para com diferentes pessoas, mas também para com a mesma pessoa. Por exemplo, quando estamos tentando gerar um vínculo de amor, o que demanda tempo e trabalho, podemos observar que, dentro de nós, subsistem aspectos do amor imaturo: tentativa de controlar o outro, de ensiná-lo a viver, repisar questões passadas, fazer cobranças, perder-se no outro... Tomando consciência dessas questões, podemos purificar esse amor de todos os ranços do passado.

Um verdadeiro processo de aprendizagem

Aprender a se vincular, a partir de um amor saudável e maduro, implica um verdadeiro processo de aprendizagem.

O amor verdadeiro é o oposto da sedução, porque me mostro "tal como sou", com o compromisso de encarar e trabalhar minhas dificuldades.

E compromisso mútuo

O fato de vermos no outro o seu lado verdadeiro e não as máscaras, e de o outro também ver o verdadeiro em nós, dá origem a um profundo impulso interior e de se ajudar mutuamente a expressar essa verdade.

Os dois confiam que existe um compromisso recíproco de trabalhar as próprias dificuldades.

Em nossa cultura, o compromisso é simbolizado por alianças, anéis. O parceiro é meu aliado para o crescimento, assim como eu o sou dele.

> O amor verdadeiro entre duas pessoas,
> seja qual for o tipo de vínculo estabelecido,
> talvez seja o que vá perdurar além desta vida:
> duas pessoas que se reconhecem,
> em todas as suas dimensões, despidos de máscaras,
> mentiras, disfarces, e que se aceitam como são.

Conclusão

Então, podemos dizer que o amor é saudável, maduro, recíproco, quando:

- dois indivíduos se encontram e geram algo intenso e profundo;

- ambos se desenvolvem, um graças ao outro;
- ninguém precisa diminuir para que o outro se desenvolva.

Palavras para meditar

"O amor jamais acabará. ... Atualmente permanecem estas três: a fé, a esperança, o amor. Mas a maior delas é o amor" (1 Coríntios 3,8.16).

Para refletir...

Refletir sobre o tipo de vínculo que temos com nosso parceiro:

1. Reconhecemos alguns dos aspectos disfuncionais mencionados?
2. Qual/quais?
3. Como nos sentimos com respeito a isso?
4. Estabelecer objetivos que nos ajudem a transformá-los.
5. Se for necessário, procurar ajuda profissional.

Nossa vida de casal e os laços entre as famílias de origem

> Somente se estiver bem comigo mesmo,
> terei condições de estar bem com os outros.

Quando formamos um casal

Uma relação de casal nos proporciona amor, felicidade, alegria; e também, por outro lado: dificuldades, conflitos, dor.

Em uma relação, crescemos e, também, morremos.

Crescer e morrer são duas faces da mesma moeda, já que, quando crescemos, renunciamos (morremos) a certas coisas, para alcançar outras maiores.

As crises ou dificuldades que se apresentam fazem parte desse processo de amadurecimento.

Encontramos outra família

A relação de casal não é simplesmente a união de duas pessoas.

É o encontro de duas famílias. Cada uma com seus costumes, sua história e seus valores particulares.

Quando uma das partes do casal considera que seus valores são os que valem e procura impô-los, inicia-se o conflito. Aí começa o primeiro processo de morte. Na verdade, tanto os valores de um como os do outro são válidos, mesmo sendo diferentes.

O reconhecimento mútuo nos permite encontrar um caminho comum.

Que precisamos reconhecer

Para que um casal possa crescer, os dois devem estar dispostos a renunciar a alguma coisa de sua família: hábitos, pontos de vista, desejos...

Parceiro é um espelho

Parceiro é companheiro de jornada, de estrada. É o/a amigo(a), o/a amante, o pai/a mãe de nossos filhos.

Ter um parceiro não é a solução de nossas inseguranças, carências ou medo da solidão.

Um parceiro é um espelho no qual podemos nos olhar. Um espelho com lente de aumento que, na imagem refletida, nos revela aquilo que em nós ainda falta reconhecer e que precisamos assimilar.

Um parceiro nos abre a porta para o autoconhecimento.

Propicia o autoconhecimento

O amor para com o outro depende do amor que temos para com nós mesmos.

Se nos sentimos vazios e acreditamos que nosso parceiro pode nos preencher, estamos errados. Ninguém pode preencher esse vazio interior.

Estar em conexão com a vida é nossa intransferível responsabilidade.

A vida de casal vai depender de nossa integridade como indivíduos, e essa integridade se baseia no modo como levamos a vida.

A força que nos impele na vida vem de nossos ancestrais e, especialmente, de nossos pais. Por isso a importância de incorporá-los em nós mesmos. Eles nos acompanham.

Olhando para a frente

Para poder crescer no relacionamento a dois, precisamos olhar para a frente, junto de nosso parceiro, estabelecendo limites bem claros com relação à nova família construída. Se, depois do casamento, continuarmos apegados a nossos pais, não será possível crescer como casal.

Muitas vezes, acontece de os filhos terem de tomar conta dos pais e irmãos, quebrando a ordem natural. Deixam de ser filhos e passam a ser pais de seus pais, gastando a energia a ser usada com a família atual.

Em paz com a família de origem

Se quisermos nos desligar verdadeiramente de nossos pais, não apenas precisaremos fazê-lo fisicamente, saindo da casa paterna, mas, além disso, será necessário nos libertarmos de queixas, julgamentos, acusações, ressentimentos.

Quando conseguimos dizer sim a nossos pais, aceitando-os como são, podemos nos desprender deles com amor. Assim, ficamos em paz com nossa família de origem, sentimos seu apoio, e nos sentimos livres para construir novos vínculos.

Estamos prontos para o amor

Para cada um de nós, a vida chega através do pai e da mãe. Quando transferimos a culpa de tudo o que nos acontece para nossos pais, permanecemos crianças e caminhamos pela vida sem força. Por sua vez, as pessoas que conseguem aceitar seus pais e a vida tal como lhes foi dada, são mais interessantes, mais atraentes aos outros.

> Somente se eu me amar, poderei amar os outros.

Conclusão

Para poder crescer como casal, precisamos reconhecer nossas próprias conquistas e limites; "dizer sim" a nossos pais e ancestrais, tal como são e, a partir daí, olhar para a frente, juntos. Isso é o que nos enche de energia vital. Caso contrário, andaremos pela vida como órfãos, crianças feridas e sem espaço para construir um vínculo de amor saudável e maduro.

Palavras para meditar

"Por isso, o homem deixará seu pai e sua mãe e se unirá à sua mulher, e os dois serão uma só carne" (Efésios 5,31).

"... Quem põe a mão no arado e olha para trás, não está apto para o Reino de Deus" (Lucas 9,62).

Para refletir...

1. Sabemos mais ou menos quem somos?
2. Reconhecemos a nós mesmos e a nossa origem? Aceitamos, respeitamos?
3. Amamos nossa vida?
4. Estamos reconciliados com nós mesmos?
5. Temos consciência de nossa luz e nossa sombra? Podemos viver com elas?
6. Estamos livres interiormente e disponíveis para o outro?
7. Temos realmente o coração aberto para nosso parceiro?
8. Nosso desejo mais profundo na relação de casal é...

Terminei o relacionamento...
E agora?

As despedidas são sempre dolorosas,
mesmo quando são muito desejadas.
(Arthur Schnitzler)

Depois de terminar um relacionamento

Depois de terminar um relacionamento, o melhor é procurar ver os pontos positivos do outro que nos permitiram crescer junto a ele, assim como os aspectos negativos e destrutivos que não queremos repetir em outra relação.

Não podemos negar a dor e o sentimento de perda que a separação provoca. Portanto, se resistimos a vivenciar essa dor, a refletir sobre os erros e a reencontrar-nos com nós mesmos, na próxima relação, mais dia, menos dia, repetiremos os mesmos comportamentos.

É necessário um tempo de solidão

A sabedoria popular diz que "melhor sozinho do que mal acompanhado".

O que significa estar mal acompanhado?

Repetir erros passados traz no bojo o "estar mal acompanhado".

Por que ficar só?

Depois de um rompimento, é preciso um tempo de solidão, ficar só para poder refletir sobre as questões pessoais que contribuíram para o fracasso dos relacionamentos anteriores e para o "viver mal" a dois.

Para aprender a estar só consigo mesmo

É muito importante:

- saber que cada um é o único responsável por sua vida,
- suportar a dor da perda,
- acostumar-se a viver sem o apoio constante do outro que compreendia e satisfazia nossas necessidades afetivas em todos os momentos.

Enquanto esses processos evolutivos não se realizarem, procuraremos outro para estabelecer relações do tipo dependente, porque "não posso ficar só".

Elaborar os medos

Saber estar só garante a formação de um relacionamento livre das pressões geradas pelo medo da perda. Essas pressões, com frequência, fazem com que a pessoa deixe de ser ela mesma, por medo de perder a outra.

Forçar o encontro de um parceiro resulta em um encontro vazio, de solidão ansiosa, com isso, o problema se agrava e o vazio só aumenta.

A falta de um parceiro passa a ser problema quando:

- Confunde-se falta de relacionamento com solidão.
- Não se consegue suportar a falta de relacionamento e superar rompimentos.

- Não houve um fim, um desfecho definitivo do relacionamento anterior.
- Existe o medo da repetição.
- Surge a ideia de nunca mais amar alguém.
- Persiste a crença em mitos como: "o amor só acontece uma vez na vida", "procuro a metade da laranja".
- Considera-se a perda de um parceiro como fracasso pessoal.
- Não se aceita o sofrimento diante da perda.

E se reencontrar

Alguns casais se isolam, têm pouca abertura para o mundo, não cultivam relações de amizade, formando posteriormente famílias isoladas.

Nesse tipo de situação, quando acontece uma separação, a pessoa não consegue iniciar amizades e, como se sente sozinha, precisa preencher rapidamente esse "vazio"; assim, a ansiedade e a angústia começam, cada vez mais, a perturbar sua tranquilidade e bem-estar.

Com os próprios recursos

Será útil e prazeroso participar de grupos de ajuda mútua que, por compartilharem as mesmas condições, conseguem ver mais além de preencher o vazio deixado pelo término do relacionamento.

Para esclarecer o que queremos, é oportuno se perguntar:
- O que espero de um parceiro?
- E eu, o que estou disposto a dar?

Com independência e autonomia

É fundamental adquirir identidade própria, autoestima sólida e autonomia adequada para, depois, caminhar para a construção de um novo relacionamento, em que "eu sou eu e você é você", cada qual com seu projeto próprio, mas, ao mesmo tempo, com projetos compartilhados, como família, casa, filhos, viagem etc.

Para construir um relacionamento adulto e saudável

A autoconfiança e a ausência de medo da solidão eliminam radicalmente o desconforto de "estar só" e favorecem a construção de um relacionamento adulto e saudável.

O casal, célula da família, constitui em si mesmo uma família, já que se dedica a compartilhar a vida e formar um lar comum.

> A essência da pessoa humana
> é poder contar com o outro
> para se apoiar e dar apoio, para dar e receber,
> para proteger e ser protegido, para consolar e ser solidária.

Conclusão

Depois do término de um relacionamento, um tempo de solidão nos fará bem: para aprendermos a conviver com nós mesmos, elaborar os medos, reencontrar-nos com os próprios recursos e esclarecer o que queremos, com independência e autonomia.

Palavras para meditar

"Há duas perguntas que devemos nos fazer. A primeira é: 'Para onde vamos?'. A segunda é: 'Quem irá conosco?' Se fizermos essas perguntas na ordem errada, estaremos perdidos" (Howard Thurman).

Para refletir...

1. Aprendemos a conviver com nós mesmos?
2. Gostamos disso?
3. O que esperamos de um relacionamento?
4. O que estamos dispostos a dar em um relacionamento?
5. Temos clareza do que queremos na vida e para onde estamos indo?

A separação do casal
e o impacto para ambos e para os filhos

> O amor aos filhos passa
> pelo reconhecimento do parceiro,
> vivamos ou não com ele.

Terminar bem a relação anterior

É frequente novos relacionamentos carregarem a sombra do que foi vivido em uma relação anterior. Para se formar plenamente um novo casal, será preciso colocar um ponto final na relação anterior, da melhor maneira possível.

Respeitando a paternidade e a maternidade

Em caso de separação, não existem normas concretas sobre a guarda dos filhos. Sempre vai depender das circunstâncias. Entretanto, é importante levar em conta que os filhos sempre vão precisar do amor e dos bons exemplos dos genitores para se transformarem em homens e mulheres de bem.

Fortalece os filhos

Algumas crianças nunca conheceram o pai ou a mãe, mas, apesar disso, crescem com grande força e amor. Isso se deve, em geral, ao fato de ter-lhes sido transmitida, por parte do genitor que as criou, uma imagem positiva e amorosa do pai ou da mãe ausente.

Além disso, interferir na relação da criança com um dos seus genitores, desqualificando sua conduta, dificultando o contato ou o exercício da paternidade ou maternidade, entre outras práticas similares, constitui abuso emocional – a chamada alienação parental, passível de punição. Nesses casos, é preferível que a guarda permaneça com aquele que oferecer melhores condições de convivência da criança com o outro genitor.

Para formar uma nova família

No caso das novas famílias, para seu bom funcionamento, é vital o reconhecimento dos cônjuges ou parceiros anteriores e dos filhos já existentes. Essa é uma situação dificilmente aceita pelos novos parceiros, o que costuma gerar conflitos.

É preciso reconhecer o relacionamento anterior

Quando relacionamentos anteriores não tiveram um desfecho adequado e restaram ressentimentos, é muito frequente que o filho represente o genitor mais fraco no sistema familiar, assumindo atitudes e comportamentos similares a ele ou ela.

A criança precisa de pai e mãe

Toda criança tem pai e mãe e precisa dos dois. Os filhos não entendem a separação dos pais; amam os dois do mesmo modo e têm direito de amá-los. Entretanto, algumas vezes, quando os pais se separam, a criança fica com um dos genitores e, pela relação de dependência, tem receio de demonstrar que também ama o outro genitor. Tem medo de causar mágoas e ficar sozinha. Ainda assim, continua amando em segredo. Quando escuta um dos genitores dizer que amou muito o outro, também pode manifestar o seu amor e, com isso, se sente aliviada.

> Embora o casal já não esteja mais junto,
> é necessário cicatrizar interiormente esse vínculo,
> para libertar os filhos.

Conclusão

Uma relação de casal bem-sucedida gera enorme satisfação, e, para muitos, é uma das metas mais importantes a ser alcançada.

Um parceiro ou uma parceira nos toca profundamente, nos marca para sempre. Equivale a dizer que também toca profundamente nossas feridas.

Trata-se de um chamado natural da vida que nos permite transcender.

Palavras para meditar

"Um filho cresce com força quando honramos o cônjuge com quem foi concebido" (Elizabeth Corredor).

Para refletir...

1. Se já vivemos a experiência da separação, refletir sobre o vínculo com nosso parceiro.
2. Visualizar nosso "ex" na nossa frente:
   a) Como o vemos? Chateado? Se assim for, expressar o seguinte: "Sinto muito... para mim também foi difícil".
   b) Se houver filhos, é importante também visualizá-los, dizendo: "Em seus olhos, vejo seu pai (sua mãe) e estou feliz que seja assim. Pode ir ao seu encontro, tem minha aprovação".

Eixo 3

Construir e reconstruir o relacionamento

Problemas de casal
que convêm ponderar e "enxergar"

> Quem olha para fora, sonha;
> quem olha para dentro, acorda.
> (C. Jung)

Um parceiro

Costumam ser depositadas demasiadas expectativas num parceiro. Quando essas expectativas são infantis, como, por exemplo, querer que o outro faça um pouco o papel de minha mãe ou de meu pai, aí surgem os conflitos. Em algum grau, todos queremos mais ou menos isso, mas o problema se manifesta quando esse querer está muito descompensado, como, por exemplo, ao esperar que o outro nos ofereça algo que não recebemos de nossos pais.

Não é o papai nem a mamãe

É preciso entender, no âmbito do casal, que o outro não tem de ser o início e o fim de todas as coisas, a mãe ou o pai, a fonte da felicidade.

Com o parceiro, aprendemos a desenvolver o amor; algumas vezes, com tristeza, com dificuldade, em outras, com alegria; aprendemos também a dar vida.

Assumir-se como casal

Quando assumimos uma união a dois, não só nos tornamos candidatos a certo tipo de felicidade, mas também nos candidatamos à dor, nos arriscamos a fazer projetos e criar vínculos que, em algum momento, se perderão. Na vida, tudo se perde, e o grande aprendizado é despedir-se e libertar-se. Devemos saber que os vínculos dão alegria e sofrimento. Ambas as situações podem ocorrer.

Pressupõe vida sexual

A sexualidade é essencial no casal. É o motor da vida, é a força maior.

Se não houver desejo sexual, poderão ser amigos, irmãos, mas não serão um casal.

Honestidade

Precisamos ser honestos, todos gostamos de que nos sejam fiéis, embora possamos sentir-nos atraídos por outra pessoa. Desse modo, não negamos os desejos naturais, mas nos responsabilizamos pelas próprias decisões, refreando comportamentos que poderiam trazer danos ao casal.

Respeito

Outro aspecto nocivo ao casal é a luta pelo poder, que só leva ao fracasso.

Quando um dos dois se acha melhor que o outro, acredita que vem de melhor família, que é uma pessoa melhor, surgem as lutas pelo poder, e o casal se prejudica.

Amor maduro

Um dos grandes males do mundo é a tentativa de dividi-lo entre bons e os maus. Para Deus, isso não existe. Nossa alma sofre quando há condenados e laureados.

Em geral, as lutas pelo poder têm sua origem em necessidades não satisfeitas nos vínculos com nossos pais. Em outras palavras, as disputas entre os cônjuges estão relacionadas a questões não resolvidas com os pais.

Saudável e livre

Ao contrário das canções românticas, em que sempre se diz "sem você não poderia viver", seria muito saudável conseguir dizer "sem você eu também viveria bem... mas prefiro ficar a seu lado e compartilhar minha felicidade com você". Desse modo, a pessoa faz uma opção, é livre e é feliz por estar com o outro.

A relação de casal se enriquece quando cada um possui um poder especial, e ambos se reconhecem no mesmo nível.

> A mais bela metáfora que poderíamos associar ao casal seria que ele pode conter tudo o que significa ser homem e tudo o que significa ser mulher.

Conclusão

Quando nossas expectativas com relação a nossos parceiros são exageradas, surgem conflitos. Precisamos ter em mente que o outro não é a fonte de tudo, é um parceiro, ou seja, "igual", no mesmo nível. Portanto, muitas vezes nos sentiremos gratificados na relação e, em outras, não. Além disso, a vida de casal pressupõe vida sexual, honestidade, respeito e liberdade para crescer na direção do amor maduro.

Palavras para meditar

"Quem no homem ama a mulher e quem na mulher ama o homem? Quem, nos dois, ama o outro tal como é? Deus ama. O amor é o ato religioso mais profundo" (Bert Hellinger).

Para refletir...

1. Refletir sobre o que esperamos de nosso parceiro.
2. Escolher três características que julgamos indispensáveis. Por exemplo, fidelidade, confiança e companheirismo.
3. Essas três características que escolhemos, estão presentes em nosso parceiro?
4. Em nossa relação de casal, como convivem o respeito, a honestidade, a fidelidade e a liberdade de ser quem verdadeiramente somos? Descrever situações que demonstrem isso.
5. Existem lutas pelo poder em nosso relacionamento?
6. Sentimos que nós dois estamos no mesmo nível?

Para formar um novo casal é necessário colocar um ponto final nos relacionamentos anteriores

Estamos vinculados a nossa família
por laços profundos de amor e lealdade.
O sistema familiar é dirigido
por uma consciência comum
que une todos os membros,
preocupando-se com os direitos de cada um
e cuidando para que ninguém seja excluído
(Bert Hellinger).

Para formar um novo casal

Para estabelecer uma nova relação de casal, em um vínculo saudável e maduro, é preciso terminar definitivamente nossos relacionamentos anteriores, reconhecendo e agradecendo por terem existido e destinando a eles um lugar em nosso coração. Isso nos libertará e animará a iniciar novas relações. De qualquer forma, devemos nos permitir vivenciar a dor da separação.

Os relacionamentos antigos devem ficar no passado

Em casais recém-formados, tudo aquilo que se viveu em relacionamentos anteriores pode ser enriquecedor ou não, dependendo de como a relação terminou.

Podemos valorizar as coisas que aprendemos com nossos vínculos anteriores, porém, em respeito à intimidade, isso não deve ser revelado na nova relação.

Integrando passado e presente nos sentimos inteiros

Integrar as coisas que vivenciamos e preservar, em nosso coração, os fatos e as pessoas do modo como foram, nos enche de alegria vital para construir algo novo.

É muito libertador e saudável que o término dos relacionamentos aconteça com o máximo afeto.

O melhor passado é aquele que podemos integralizar.

Conclusão

Para poder formar um novo casal, é necessário colocar um ponto final nos relacionamentos anteriores; reconhecendo o lugar que essas pessoas ocuparam em nossa história de vida.

Palavras para meditar

"O principal obstáculo para a reconciliação é a ideia de que o outro lhe deve algo... é pensar que se está com a razão" (Bert Hellinger).

Para refletir...

1. Para encerrar o vínculo com parceiros anteriores, podemos visualizar a pessoa diante de nós e pronunciar uma das seguintes frases:

- Você foi importante para mim.
- Deu-me algo importante.
- Preservo isso, faz parte da minha vida.
- Agradeço por tudo.
- Fique em paz, e a minha vida segue.

2. Para reconhecer o "ex" ou a "ex" do(a) parceiro(a) atual:

- Você lhe deu algo importante que agora é bom para mim.
- E isso vem de você.
- Eu o(a) respeito e a você também.
- Recebo agora o(a) meu(minha) parceiro(a) com tudo que você lhe deu.[2]

---

[2] Com base nos ensinamentos do filósofo e teólogo alemão Bert Hellinger.

Alguns laços unem o casal, enquanto outros separam

> Para poder voltar a formar um casal,
> é preciso libertar-se das críticas.

Neste capítulo, refletiremos sobre as questões que unem o casal e as que o separam.

Vamos iniciar pelas últimas.

A falta do ritual

O ritual do casamento ou do compromisso de casal representa uma despedida da vida de solteiros. Quando ele não acontece, aflora o sentimento de insegurança relacionado ao parceiro, o que no fundo pode dar origem, inclusive, à expectativa de que apareça alguém melhor.

Os lutos mal resolvidos

Se, em nossas famílias de origem, acontecem mortes de progenitores, de irmãos ainda na infância; ou se, na nova família criada, não se vivencia de maneira saudável o falecimento de um filho, um aborto, o fim de uma relação anterior, surgem conflitos, culpas e acusações.

Os relacionamentos anteriores não terminados

A relação sexual gera um vínculo muito forte. À medida que vamos mudando de parceiros, ao longo da vida, a relação sexual vai perdendo seu significado mais profundo.

Por isso, quanto mais parceiros sexuais tivermos, maior será a dificuldade de nos relacionarmos profundamente com o parceiro seguinte.

Subtraem força ao casal

O sexo é uma força valiosa e desempenha um papel muito importante na vida do casal. Do sexo vai depender a continuidade da relação, que a impulsiona a transpor qualquer obstáculo. A sexualidade perde sua força quando lhe subtraímos importância ou quando é usada como arma de poder e de vingança dentro da relação de casal.

Olhar para nosso parceiro

É essencial olhar para nosso parceiro e dedicar um tempo para comprovar se o vínculo é – ou não – forte. Inclusive, será útil olhar para os relacionamentos anteriores e observar o lugar que ocupam em nosso coração.

Se não estivermos disponíveis para nosso parceiro, não parecerá lógico que ele procure outro relacionamento?

Com o olhar livre de projeções

Também pode ocorrer a projeção, sobre o parceiro atual, de conflitos mal resolvidos com as famílias de origem. Desse modo, não estaremos disponíveis para nosso parceiro, tornando-o responsável por dificuldades que são nossas, o que provoca sucessivas separações.

Pode ser uma oportunidade de reencontro

As relações extraconjugais podem ser vivenciadas como infidelidade ou traição, ou como crise que possibilita a troca e a renovação do parceiro. Cada vínculo sexual externo à relação de casal predispõe o enfraquecimento da relação.

> O relacionamento a dois é a fábrica da vida.
> (Joan Garriga)

Conclusão

Alguns laços unem o casal, enquanto outros separam. Ter consciência deles nos dá a possibilidade de fortalecer a relação.

Palavras para meditar

"Em suma, cada um de vós também ame a sua esposa como a si mesmo; e que a esposa tenha respeito pelo marido" (Efésios 5,33).

Para refletir...

1. Qual o significado de nosso relacionamento atual?
2. E os anteriores?

3. Entramos no relacionamento atual com o coração inteiro?
4. O amor está preso a outro relacionamento?
5. Como estamos vivenciando a sexualidade dentro do relacionamento?

O equilíbrio saudável entre dar, receber e tomar no relacionamento a dois

> Boa parte da felicidade de uma relação depende
> do quanto somos capazes de dar e receber.
> (Bert Hellinger)

Em toda relação humana

Em todos os sistemas humanos, buscam-se a retroalimentação e o equilíbrio sustentável.

Geralmente, quando recebemos alguma coisa, sentimos necessidade de devolver, de compensar de alguma maneira aquela pessoa que nos ofertou algo.

Sentimos isso quando obtemos alguma coisa boa ou agradável, e também quando recebemos algo que nos desagrada.

Existe troca

Os sistemas humanos se encontram em movimento, em intercâmbio, em um constante dar e receber. Esse dar e receber é regulado pela busca de um equilíbrio justo entre todos os membros do sistema.

Esse movimento de dar e receber é vital nas relações, e boa parte da felicidade de um relacionamento depende de nossa capacidade de dar e receber.

Quanto mais equilibrada e ampla

Quando a troca se realiza de maneira ampla e em nível elevado e equilibrado, mais profunda é a relação e maior o vínculo. Sentimo-nos confortáveis, alegres, leves.

O ato de dar causa uma sensação de alegria e plenitude; algumas pessoas preferem mais dar do que receber; outras preferem mais receber do que dar.

Mais saudáveis são nossos vínculos

Os atos de dar, receber e tomar têm seus limites.

Quando damos ou recebemos em excesso, geramos uma atitude desfavorável de desequilíbrio que põe em risco as relações, e colocamos em risco a nós mesmos.

Esse desequilíbrio produz descontentamento e sensação de vazio.

Maturidade é a chave

A capacidade de dar, receber e tomar dentro da relação do casal está diretamente relacionada com a aceitação do outro.

O fundamento do apreço se situa na renúncia à ideia infantil de pretender que o outro se assemelhe a nós, ou seja, que seja como queremos ou esperamos.

O apreço é algo que está além da aceitação.

Aceitar é aguentar, e a vida a dois requer muito mais. É preciso aceitar o outro tal como é. Quando aceitamos, amamos.

Para amar de maneira saudável

Dar e receber se tornam muito mais fáceis, quando somos claros e explícitos ao expor nossas necessidades.

Acreditar que o outro vai adivinhar e saber o que queremos ou precisamos é reproduzir a ideia infantil do filho que espera de sua mãe: "Mamãe sabe o que é bom para mim".

Quanto mais claro for um pedido, mais fácil será para o outro satisfazê-lo.

Quando os pedidos não são claros, pode acontecer de recebemos coisas que não pedimos nem precisamos ou, pior, não ganharmos nada.

Exigir não é a mesma coisa que pedir. A exigência só origina decepção e discórdia.

Aquele que pouco dá e pouco recebe, permanecerá isento de relações profundas.

Situações frequentes que afetam os casais

- Medo do abandono.
- Não se sentir reconhecido.
- Ser abandonado por dizer o que pensa
- Dificuldade de assumir os próprios erros e a própria sombra.
- A luta pelo poder.
- Imposição de um dos parceiros sobre o outro.
- A linguagem e suas implicações.
- O dito, o não dito e como foi dito.

Conclusão

Em um casal, é essencial que haja equilíbrio entre os dois quanto a dar, receber e tomar.

Palavras para meditar

"Pois todo aquele que pede recebe, quem procura encontra, e a quem bate, a porta será aberta" (Mateus 7,8).

Para refletir...

1. Como está o equilíbrio de nossa vida de casal?
2. Como se manifesta o dar, receber e tomar em nossa relação a dois?
3. Quem dá mais, quem recebe mais?
4. Compreendemos o que nosso parceiro quer e precisa?
5. Escutamos realmente as necessidades do outro?
6. Somos claros e explícitos ao comunicar nossas necessidades?

A irritação e as discussões
do casal podem ocultar um profundo sofrimento

> Aquele que insiste na crítica perde vida.
> (Bert Hellinger)

A irritação exprime

Quando em um relacionamento impera o desequilíbrio, é comum a irritação vir à tona e, junto com ela, um sentimento de vingança. Justamente, esse sentimento impede a reconciliação. Não é fácil renunciar à vingança.

Um profundo sofrimento

Em geral, ambos os parceiros estão aborrecidos, e, por trás desse sentimento, se esconde um profundo sofrimento. A única forma de recuperar a comunicação entre o casal é aceitar o outro e admitir o sofrimento mútuo.

O reencontro só será possível se renunciarmos à vingança e formos capazes de olhar nosso parceiro nos olhos.

Que precisa ser curado

Uma vez admitido o sofrimento e elaborado o conflito, é importante o compromisso mútuo de deixar para trás o que aconteceu e não tocar mais no assunto.

É necessário abandonar a crítica, para se conectar com a vida novamente.

Algumas vezes, a irritação também está a serviço do distanciamento. Então, brigamos com o outro, mas, na verdade, estamos em busca de espaço para nós mesmos, de distanciamento.

Com respeito

As discussões quase sempre se originam do fato de que vemos cada situação de acordo com nossa própria consciência, nosso próprio sistema de valores, e procuramos convencer o outro. Na verdade, todos têm diferentes formas de ver as coisas.

O segredo para acabar com as discussões reside em aprender a respeitar que o outro possa ver e sentir as coisas de outra maneira. Com frequência, nas discussões de casal, as duas partes têm razão. Se uma sai ganhando, a outra fica magoada.

Com olhar claro e aprovador

Quando aceitamos que viemos de diferentes sistemas familiares, com diferentes valores, mas que ambos são igualmente válidos, podemos avançar na direção de um reconhecimento mútuo que propicie a reconciliação.

Podemos chegar a um acordo

Quando conseguimos dizer sim um ao outro e observamos juntos os valores de cada família, podemos chegar a um acordo que favorecerá a educação de nossos filhos.

Nossas raízes nos distinguem

Nossas raízes nos distinguem, nos apoiam e também nos limitam. Muitos dos problemas dos filhos são apenas sintomas do que acontece entre os pais.

Mas o casal vem sempre primeiro

A relação de casal sempre vem em primeiro lugar, antes da relação com os pais ou com os filhos. É fundamental que esse espaço seja preservado e cuidado.

> A raiva nunca é simples raiva.
> Talvez encubra sofrimento ou desilusão,
> ou talvez uma mensagem clara
> que precisamos transmitir ao outro.
> (John Welwood)

Conclusão

Por trás das demonstrações de raiva no relacionamento, costuma existir um profundo sofrimento produzido entre os dois, que precisa ser curado com respeito.

Palavras para meditar

"De fato, quem quer amar a vida e ver dias felizes, guarde a sua língua do mal e seus lábios de falar mentira" (1 Pedro 3,10).

Para refletir...

1. Num momento de irritação ou de discussão do casal: vivenciamos a situação a partir do nosso ponto de vista, tentando convencer o outro?, ou escutamos e procuramos chegar a um consenso?
2. Somos capazes de reconhecer que as pessoas têm diferentes maneiras de enxergar a realidade?
3. Reconhecemos a igualdade (em dignidade) nas diferenças?
4. Refletimos sobre nosso próprio sistema de valores, ele coincide com o de nosso parceiro? Caso contrário: conseguimos respeitar as diferenças e considerá-las igualmente válidas?
5. Construímos juntos normas próprias para nosso relacionamento a dois?

Para uma relação iluminada e livre dos emaranhados que nos mantêm aprisionados

O apaixonado é devorado pelas expectativas.
O amante consciente as devora.
(Sofía Riunita)

Quando não obtemos o que esperamos ou desejamos

Quando não obtemos o que esperamos ou desejamos, costumamos nos comportar como crianças. Essa parte imatura aflora e toma conta de nós. Claro que isso acontece quando o "dono da casa" está ausente ou adormecido. Ou seja, quando nos distanciamos de nosso ser, aquele sábio interior que está alojado no fundo de nosso coração.

Assumimos o papel de vítimas ou culpamos o outro

Normalmente, quando algo não sai como esperamos, ficamos chateados, nos colocamos no papel de vítimas ou culpamos o outro. Esse mecanismo é usado para fugir do sofrimento que nos acomete quando a realidade, ou o outro, não corresponde ao nosso anseio.

É assim que, muitas vezes, se desencadeiam discussões estéreis em que as partes se atacam e defendem.

Sentir culpa

O sentimento de culpa costuma ser a resposta a alguma das seguintes crenças equivocadas:

- *Percepção onipotente e egocêntrica*: "Sou Deus", "Tudo depende de mim".
- *Assumir o papel de "bode expiatório"*: diante do ataque que vem de alguém que não quer aceitar uma responsabilidade, ou diante de uma circunstância que não depende inteiramente de quem se sente culpado, este toma para si a culpa e se sacrifica para expiá-la.
- *Acreditar que devemos ser como os outros querem que sejamos*: e, quando não somos, nos sentimos culpados e com medo de não ser amados ou aceitos.

É uma armadilha

Se não perceber essa armadilha, o casal travará uma verdadeira guerra; onde uma parte tenta ganhar a batalha, colocando-se no papel de vítima e fazendo o outro se sentir culpado, como o agressor. Se estivermos atentos, poderemos evitar entrar nesse campo tão negativo, e ver que, por trás desse comportamento, se esconde uma criança contrariada que fica amuada porque a mamãe ou o papai não lhe deu o que ela esperava ou desejava.

Produto de nosso lado imaturo

É bastante comum repetir hoje com nosso parceiro o mesmo comportamento que tivemos anteriormente com nossos pais; recusamos e negamos afeto e amor na relação, do mesmo modo de quando éramos crianças. Uma forma imatura de tentar libertar-nos do desconforto causado pelo medo de que as coisas não saiam como queremos ou esperamos. Quando caímos nessa armadilha, o melhor a fazer é dar um tempo para despertar e observar a nós mesmos.

Ninguém é perfeito

Inconscientemente, muitas vezes, nos aproximamos das pessoas porque acreditamos que nos irão proporcionar aquilo que nos falta. E assim, seguimos em busca do relacionamento "perfeito" ou projetamos no outro aquilo que ele "deveria" ser, buscando nosso próprio bem-estar.

Caindo nessa armadilha, um dos dois vai se colocar em relação de dependência e "à mercê" do outro.

Vamos caminhar rumo a uma relação iluminada

Ninguém vem a este mundo para satisfazer as expectativas dos outros.

Todos têm o direito de "ser" o que são de verdade.

Estabelecer vínculos saudáveis e maduros requer todo um processo de aprendizado.

É um caminho a percorrer a partir de uma relação dependente, em direção a uma nova forma de vínculo, mais verdadeira, transparente e real. Um caminho para a formação de uma relação iluminada e compartilhada.

Quando ampliamos nossa consciência, sabemos que:

• Nem tudo depende de mim.
• Não tenho de salvar ninguém,
cada um deve ser responsável por sua vida.
• A decisão tomada em um momento anterior
foi algo adequado àquela circunstância.
• Estamos constantemente em transformação,
assim como a realidade também muda.
• Os critérios que hoje uso para julgar não são os mesmos
que tinha anteriormente.
• Tenho o direito de ser quem sou, independentemente
daquilo que os outros esperam ou querem que eu seja.

Conclusão

Quando a realidade, ou o outro, não corresponde ao nosso desejo, normalmente, nossa reação é culpar o outro, assumir o papel de vítimas e ficar chateados. Isso representa uma armadilha. Crescer e amadurecer no amor pressupõe aceitar o outro como ele é.

Palavras para meditar

"Pois ele dará ordem a seus anjos para te guardarem em todos os teus passos" (Salmo 91,11).

"Você está dormindo? O tempo que lhe foi concedido passa!" (Santo Ambrósio de Milão).

Para refletir...

1. Como nos sentimos quando nosso parceiro não corresponde ao que queremos ou esperamos?
2. O que fazemos? Elaboramos esse sentimento?, ou manifestamos o que estamos sentindo? Se simplesmente manifestamos nosso sentimento, quais são as consequências para nosso parceiro?
3. Aprendemos a respeitar nosso parceiro "do modo como ele é"?
4. Conseguimos reconhecer que não existe um "parceiro perfeito", porque todos os seres humanos têm pontos fortes e outros que precisam ser melhorados?
5. Refletir sobre a frase de Bert Hellinger: "Quando julgamos, perdemos o paraíso em nossa alma".

Para que um relacionamento prospere, é necessário que cada um esteja inteiro

> Passamos a amar verdadeiramente
> não quando encontramos uma pessoa perfeita,
> mas quando aprendemos a ver perfeitamente
> uma pessoa imperfeita.
> (Sam Keen)

Quando acontece o encontro com o outro

Muitos de nós já experimentamos, em nossa própria vida, que construir um relacionamento a dois é uma tarefa bastante árdua: não basta encontrar o outro; além disso, é necessário um empenho de cumplicidade, realizado a dois, bem atentos e conscientes.

É comum projetar

Um dos mecanismos mais comuns, que usamos no relacionamento a dois, são as projeções. Ou seja, transferimos nossos problemas inconscientes e não resolvidos para o outro. Se não percebermos quando isso estiver acontecendo, ao invés de compreender o outro do modo como é, podemos deformá-lo com nossas projeções. O mesmo acontece com o outro parceiro.

Aspectos próprios

Diante disso, poderíamos perguntar-nos: existe aí um vínculo real?

Quando substituímos "percepção" por "projeção", não estamos de fato nos vinculando com o outro, e sim com as ideias, necessidades, fantasias ou expectativas que depositamos na outra pessoa.

Não elaborados ou inconscientes

O que estamos projetando? Muitas coisas, entre elas:

- Aspectos próprios difíceis que não aceitamos nem suportamos e que depositamos no outro.
- Dons e talentos próprios que não temos coragem de pôr em prática e delegamos ao outro, gerando assim um vínculo dependente.
- Emoções mal elaboradas em nosso passado, com outras pessoas, e que, inconscientemente, procuramos resolver no relacionamento atual.
- Modelos inconscientes de como deveria ser nosso parceiro, o que faz com que depositemos expectativas demais nele.

Estar "inteiros"

O psiquiatra suíço Carl Jung sustenta que, quando o homem se assume como sendo do sexo masculino, sua parte feminina fica relegada ao inconsciente. Essa parte do inconsciente Jung chamou de "anima". Do mesmo modo, denominou de "animus" a parte masculina interior de cada mulher.

Jung explica que, com o amadurecimento, nossa psique busca a completude.

É indispensável

Para poder estar inteiros, o homem necessita incorporar seus aspectos femininos internos: sensibilidade, criatividade, afetividade etc.

Já a mulher, por sua vez, deve incorporar seus aspectos masculinos internos: iniciativa, conquista de metas, pensamento próprio, independência etc.

Para que o relacionamento prospere

Sente-se "inteiro" quem aceitou seu pai e sua mãe e integrou a ambos em seu coração. Estando, assim, inteiro, já não precisa exigir que o outro seja a sua metade. Para que um relacionamento a dois possa prosperar, é necessário que ambos estejam inteiros.

Marie Louise Von Franz, colaboradora de Carl Jung, expressou-se assim em uma entrevista:

"De modo geral, as etapas iniciais de uma relação são permeadas em grande parte pelas projeções, essa é a causa de todas as brigas de amor. Ou seja, ela pede coisas que ele não pode atender, e ele pede coisas que ela não pode atender, e assim *animus-anima* se digladiam. Se gravarmos uma briga de amor, ela é a mesma no mundo inteiro, literalmente, palavra por palavra. Isso é projeção! Entretanto, quando as pessoas não fogem e buscam uma solução, e retiram tudo

> o que há de projeção, então, surge, ou se revela, no meio disso, a verdadeira relação. Se bem que: também pode não haver nada... Ou pode haver uma ótima relação, uma verdadeira relação, construída, que não é o mesmo que projeção".

Conclusão

Quando o parceiro e a parceira conhecem a si mesmos, aceitam a vida que lhes foi dada por meio de seus pais e constroem o relacionamento de maneira consciente, aí, sim, esse casal pode prosperar.

Palavras para meditar

"Quem põe a mão no arado e olha para trás, não está apto para o Reino de Deus" (Lucas 9,62).

Para refletir...

1. Identificamo-nos com algumas das projeções mencionadas no texto?
2. Como elas se manifestam em nossa relação de casal? Mencionar situações reais.
3. Que consequências produzem em nosso relacionamento?
4. O que pretendemos fazer sobre isso?

Que aquilo que nos une não nos separe

Os pais dão o que é mais importante: a vida.

Crescer juntos enquanto casal

O nascimento dos filhos significa, para o casal, um equilíbrio delicado e precioso que necessita de uma organização muito clara para que ocorra da melhor maneira possível.

Quando descuidamos da vida conjugal para dar prioridade aos filhos, estamos colocando nossa relação em risco.

Para que uma mulher sinta-se forte o suficiente para acompanhar os filhos em seu crescimento, necessita sentir-se amparada pelo homem. O homem a ampara, escuta seus pensamentos, a mulher se sustenta nele; e, dessa forma, os filhos podem encontrar apoio na mãe.

Gerar a vida

Quando é o homem que segue a mulher, as crianças perdem segurança, e o homem se coloca no lugar de mais um filho. Esse homem projeta, na verdade, a imagem da sua mãe na sua mulher. Ele não ocupa o seu lugar na relação a dois, e isso o enfraquece.

Quando os filhos do sexo masculino chegam à puberdade, é hora de passarem da esfera da mãe para a esfera do pai.

Os meninos precisam da autoridade e da força do pai para se tornarem homens.

As meninas ficam mais junto da mãe e aprendem a ser mulheres. É aí que encontram força.

Cada um deve ocupar seu lugar

A função fundamental dos pais é dar-nos a vida. Trazer--nos ao mundo.

Ser o veículo para a continuação da espécie. Estar a serviço da vida.

Nessa função, todos os pais são perfeitos.

As mulheres têm poder de decisão sobre a vida e a morte. Só o fato de uma mãe carregar um filho no ventre durante nove meses, já é um ato de amor. O maior de todos.

A coisa mais importante dada pelos pais

Para alguns filhos, os pais cumprem apenas essa função.

A isso se refere a frase: "Dei a você o mais importante".

Se formos capazes de concordar, dizer sim, a esse fato e à vida naquilo que lhe é primordial; se formos capazes de conectar-nos com esse amor primeiro, com a vida em si; se formos capazes de aceitar a vida do modo como nos foi dada, então, todos os pais serão perfeitos, e todas as infâncias se tornarão infâncias felizes.

É a vida

Muitas vezes, um pai ou uma mãe, vislumbrando o futuro que se apresenta para os filhos, caso continuem a seu lado, os entrega a pais substitutos.

Sobre isso, poderíamos refletir: é a ausência um ato de abandono, covardia ou de amor?

Por vezes, os pais só devem cumprir a missão de trazer-nos ao mundo e criar o cenário adequado para nosso desenvolvimento e crescimento.

Desse ponto de vista, todos os pais são perfeitos em sua tarefa.

Assumida com responsabilidade

Um aborto pode causar profundo trauma na relação a dois.

A mulher precisará de atenção e cuidado, e, se o homem não for capaz de a ajudá-la, é preciso que diga, de todo o coração: "Desculpe, não sei lidar com isso, não consigo agir de outra forma neste momento".

A mulher também precisará de algum tempo para vivenciar sua tristeza e as consequências do fim da vida que carregava em seu ventre.

Quando isso não acontece, o casal acaba se afastando e a relação fica marcada por uma cicatriz que criará dificuldades futuras.

> O casal veio primeiro que os filhos;
> e deve continuar sendo o primeiro.

Conclusão

Quando descuidamos da vida conjugal para dar prioridade aos filhos, estamos colocando nossa relação em risco.

Palavras para meditar

"Pois assim como o Pai possui a vida em si mesmo, do mesmo modo concedeu ao Filho possuir a vida em si mesmo" (João 5,26).

Para refletir...

1. Procurar um lugar tranquilo e, através de um desenho, demonstrar como percebemos nossa família hoje, incluindo-nos.
2. Onde nos situamos nesse desenho? E o nosso parceiro? Estamos juntos? Olhamos na mesma direção? Olhamos para a frente, para a vida? Ou estamos olhando um para o outro?
3. Onde situamos nossos filhos? Na frente do casal? Para onde eles estão olhando? Para a frente, para a vida? Ou estão olhando para nós, seus pais?
4. Como percebemos a organização do nosso sistema familiar? Cada um está ocupando o lugar que lhe cabe? Ou há certa desorganização? Como ela se manifesta? Que consequências acarreta?
5. Caso exista desorganização em nossa família, o que poderia ser feito para restabelecer a ordem?

Uma jornada a dois exige compromisso e aprendizagem

Nossas feridas cicatrizam,
quando o amor verdadeiro flui entre nós.

Elaborar o medo diante do novo

Quando iniciamos uma nova etapa, algo novo, sentimos medo, e isso é natural. Entretanto, não é natural que esse medo nos paralise e impeça de viver aquilo que quer se manifestar em nossa vida.

Depois de uma separação, o medo de voltar a errar se torna muito presente. Outro medo bastante comum é com relação aos filhos: o que vão dizer, como vão reagir, vão ficar com raiva, aceitarão a nova relação etc.

Porque o medo é o oposto do amor

Nossos medos: um grande desafio a ser trabalhado para continuarmos evoluindo.

Nessa tarefa, nada fácil, é inteligente pedir ajuda quando necessário. Se não trabalharmos nossos medos, não será possível amar de maneira saudável.

Na verdade, o oposto do amor não é o ódio. O oposto do amor é o medo, porque nos impede de amar.

Dialogar

O caminho que leva à união do casal é o diálogo. Por meio do diálogo, aprendemos a superar os problemas. Um vínculo saudável só pode ser construído a partir do diálogo. É isso que nos torna humanos.

Como diz o biólogo chileno H. Maturana: *"Linguagear* é o que nos conecta com nossa própria história; nos permite ver, ver-nos e focarmos na colaboração".

Aceitar o outro

Um relacionamento a dois não acontece apenas pelo encontro de duas pessoas. É preciso construí-lo. É preciso saber que não existe casal perfeito. Alguma coisa sempre vai precisar ser trabalhada, a dois e individualmente. Isso faz da vida de casal uma excelente oportunidade de crescimento.

O essencial é decidir amar-se, e não exigir que o outro seja como queremos. O caminho é "aceitar o outro do jeito que é"; o que não significa que não podemos expressar as coisas que nos agradam e desagradam na relação; mas sempre em termos de: "eu prefiro...", e nunca: "você tem de mudar isto ou aquilo, porque não gosto". Isso pressupõe um desejo de querer manipular o outro. Assim, nos distanciamos do amor saudável e maduro.

Dá-nos liberdade para ser

Podemos expressar o que sentimos quando deixamos de lado a expectativa de que o outro faça o que desejamos. Desse modo, o outro fica livre para "ser".

Quando alguma coisa incomoda muito, o mais sensato a fazer é perguntar-se: "Por que isso me incomoda tanto?".

De modo geral, são questionamentos pessoais, que estão pendentes e que muitas vezes ainda nem conhecemos.

A aceitação

O ato de aceitar gera condições para que o outro aja do mesmo modo. A partir do momento em que se aceita "o que o outro é", manifesta-se o poder do amor verdadeiro.

É uma ponte para conseguir que as emoções se exteriorizem. As emoções profundamente escondidas, como a ternura, abrem caminho e começam a fluir novamente, como quando éramos crianças.

É uma ponte

Quando reprovamos o outro porque não realiza isso ou aquilo, ou porque não se comporta de determinada maneira, fazemos com que ele fique na defensiva. E o que ainda é pior, se feche. Assim, iniciamos uma guerra, provocando um conflito na relação, do qual temos dificuldade de sair.

Que nos sintoniza com o amor

Quando nos libertamos e sintonizamos com o poder da força que transcende a todos, o amor se manifesta. Esse amor nos cura e nos ajuda a ser melhores a cada dia.

Apesar das cicatrizes deixadas por uma separação, é possível amar e motivar os outros a que amem também. O amor é possível, cresce, se alimenta e expressa em coisas muito simples e cotidianas: um beijo, um carinho, um abraço, uma mensagem de amor pelo celular, um e-mail, um gesto bem-humorado, cumprimentar-se ao acordar, falar de maneira gentil, um olhar terno etc.

Em conexão com nosso interior

Quanto mais conectados e em harmonia estivermos com nós mesmos, mais seguros nos sentimos. Quanto mais seguros nos sentirmos, mais amamos.

Esse é o segredo: buscar o amor em nosso interior. Ele habita dentro de cada um de nós. Conectar-se. Senti-lo. Ter "banda larga" com ele. Só assim poderemos amar de maneira saudável. Quando estamos em harmonia com o amor, o irradiamos. Nota-se em nossa face. Transmitimos essa energia vital. Os demais percebem. É maravilhoso.

Podemos tomar decisões importantes

Um convite de casamento trazia os seguintes dizeres: "Decidimos mudar nosso estado civil e confirmar nossa entrega mútua. Uma verdadeira e maravilhosa aventura à essência da vida: o amor".

Decidiram se aliar. Construir um caminho. Amar-se. Com coragem e comprometimento, o amor caminha junto deles. Ninguém pode dizer o contrário.

> Labaredas de paixão.
> Brasas de amor maduro.
> Nosso amor se fez fogo e provocou incêndio.
> E o vento dos conflitos fez crescer as chamas.
> É maravilhoso estarmos casados.
> Voltaria a escolher você.
> Volto a escolher você.
> Sou feliz por você existir!
> Caminharemos juntos...
> O amor nos guiará.

Conclusão

A construção de uma vida a dois requer compromisso e aprendizado de ambas as partes: escutar nosso interior, elaborar nossos medos, dialogar e aceitar o outro do modo como é; constitui uma ponte para o amor.

Palavras para meditar

"Como meu Pai me ama, assim também eu vos amo. Permanecei no meu amor" (João 15,9).

Para refletir...

1. Que opinião nos sugere a seguinte frase: "O oposto do amor não é o ódio, mas o medo. Porque o medo nos distancia do outro e, assim, nos impede de amar".
2. Estamos em conexão com nosso interior?

3. Estamos em harmonia com nós mesmos?
4. Percebemos o amor de Deus em nosso interior?
5. Como esse amor se manifesta em nossa vida cotidiana?

Crescer na capacidade de amar pressupõe ampliar nossa consciência

De acordo com a amplitude da consciência,
será o alcance do amor.

Muitos autores têm refletido sobre a consciência humana, mas foi o filósofo alemão Bert Hellinger[1] o primeiro ocidental a compreender sua dinâmica. O texto a seguir é uma compreensão pessoal de seus ensinamentos sobre o assunto. Respeitosamente, envio-lhe meus agradecimentos por compartilhar sua sabedoria.

Existem diferentes níveis de consciência

No decorrer da vida, vamos tomando consciência de quem somos, de onde viemos e para quê viemos ao mundo. Podemos dizer que existem diferentes níveis de consciência. A consciência pessoal nos une a um grupo restrito de pessoas e exclui aquelas que não são parte desse grupo. A partir desse nível de consciência, não só nos vinculamos, mas também

---

[1] Bert Hellinger nasceu na Alemanha, em 1925, estudou Filosofia, Teologia e Pedagogia. Durante dezesseis anos, trabalhou como missionário na África do Sul. Usando os métodos de dinâmica de grupo, terapia primária e análise transacional, entre outros, chegou ao desenvolvimento de sua própria terapia sistêmica e familiar, o que o levou ao reconhecimento mundial.

rejeitamos determinados tipos de pessoas. Essa consciência está a serviço da sobrevivência, de modo que, se uma pessoa ou grupo representa uma ameaça, não hesitamos em combatê-la e destruí-la, e nos sentimos bem com isso. Portanto, a partir dessa consciência, estamos a serviço da vida e da morte.

Pessoal, coletiva e espiritual

Além da consciência pessoal, existe uma consciência coletiva, que, com frequência, não conseguimos ver, e que age de maneira relativamente inconsciente. Essa consciência coletiva ultrapassa o nível pessoal. Ama os que, dentro da família ou de grupos associados, foram rejeitamos e excluídos. A consciência coletiva aponta para a reinserção dos excluídos, devolvendo-lhes o direito de pertença. Portanto, seu amor não exclui ninguém. A consciência coletiva se interessa pela integridade e pela organização do grupo.

A diferença entre elas

Mais além desses dois níveis de consciência, e englobando tudo, está a consciência espiritual. A partir desse nível superior de consciência, a pessoa olha para todos igualmente, com benevolência e amor. Esse amor não conhece fronteiras.

A consciência espiritual supera as diferenças entre o que é certo e errado, apaga os limites entre a consciência pessoal e a consciência coletiva, e se coloca à disposição de todos com o mesmo amor.

Essa consciência está a serviço da unidade, do amor maior e da vida.

É o alcance do seu amor

Quando atribuímos a alguém a culpa por uma ação, ou quando sentimos pena do outro, nos distanciamos do amor maior da consciência espiritual. Se estamos cientes das leis dessa consciência espiritual que ama a todos igualmente, sem preferências, e nos submetemos a sua observância, podemos voltar a sintonizar com ela e com seu amor por tudo, do modo como se apresenta.

A partir da consciência pessoal

Cada consciência desempenha um papel fundamental nas diferentes fases de nossa vida, até que chega o momento em que vai ficando pequena – como acontece com o bebê no útero aos nove meses –, e precisamos nos abrir para um novo estado de consciência, mais amplo, mais abrangente.

Por exemplo, a consciência pessoal nos assegura a sobrevivência e a pertinência, mas como também julga o certo e o errado, exclui, segrega e rejeita outros, gerando culpa, vingança e sofrimento. Ao percebermos esses comportamentos, devemos encará-los como uma ótima oportunidade para desenvolver e ampliar nossa consciência pessoal.

Podemos passar para uma consciência coletiva

A passagem para a consciência coletiva nos oferecerá a possibilidade de crescer no amor, a partir da inclusão daqueles que foram segregados e excluídos.

Ao olharmos para eles com amor e os reinserir com amor, a paz retorna a esse sistema.

Além de reinserir os excluídos, a consciência coletiva cuida para que a ordem de precedência não seja quebrada. Ou seja, quem chegou antes a esse sistema, tem prioridade.

Até sintonizar a consciência espiritual

A consciência espiritual vê a todos com o mesmo amor, está destinada a todos igualmente e sem distinção, preserva a ordem de precedência, nos ajuda a olhar a todos como semelhantes e de igual condição; toda diferenciação entre certo e errado se dissipa e tudo que está inacabado aspira à integridade, em todos os seus níveis e facetas.

A partir desse nível de consciência, nos situamos sempre no amor, no amor maior e total.

Como Jesus nos ensinou

Esse nível de consciência nos foi apresentado por Jesus, para que possamos entrar nele e abrir-nos ao seu poder: "Amai os vossos inimigos e orai por aqueles que vos perseguem! Assim vos tornareis filhos do vosso Pai que está nos céus; pois ele faz nascer o seu sol sobre maus e bons e faz cair a chuva sobre justos e injustos" (Mateus 5,44-45).

Em um total abandono de si mesmo, entregando sua vida ao Pai, nos ensinou o caminho que devemos seguir: "não seja feita a minha vontade, mas a tua" (Lucas 22,42).

Despertar e perceber é a chave. Ampliar nossa consciência, o caminho.

> Todos os homens são iguais diante do poder
> que recebe sua existência.
> Como poderia esse poder favorecer alguns
> em detrimento de outros,
> se todos são movidos e mantidos em movimento por ele,
> em cada momento?
> Todos somos amados igualmente por essa força,
> guiados igualmente e acolhidos igualmente.
> (Bert Hellinger)

Conclusão

A principal diferença entre os níveis de consciência é, essencialmente, o alcance do seu amor.

Palavras para meditar

"Conhecereis a verdade, e a verdade vos tornará livres" (João 8,32).

Para refletir...

1. Em que nível de consciência percebemos estar hoje?
2. Ao notar que estamos sob a influência da consciência que julga, olhar-nos com amor e dizer: "Lembre-se de que todos somos iguais sob o poder de quem recebemos nossa existência. Todos somos amados igualmente por nosso Criador, guiados igualmente e acolhidos igualmente".
3. Meditar sobre esta frase de Jesus: "Amai os vossos inimigos e orai por aqueles que vos perseguem! Assim vos tornareis filhos do vosso Pai que está nos céus; pois ele faz nascer o

seu sol sobre maus e bons e faz cair a chuva sobre justos e injustos" (Mateus 5,44-45).

4. Qual mensagem acreditamos estar contida nesse ensinamento? A qual nível de consciência se refere?

Epílogo

O amor entre o casal começa quando um homem e uma mulher dizem "sim" um ao outro. Quando os dois dizem: "sim, amo você do jeito que você é", o amor pode fluir entre eles. Um amor saudável e maduro que os move para a frente, para a vida.

Assim, um pode dar ao outro aquilo de que cada um necessita, aquilo que é importante para cada um. Um dá com amor, o outro devolve; a felicidade aumenta e o vínculo se aprofunda cada vez mais.

Também é verdade que há um limite ao que se dá e ao que se pede na relação a dois, já que, se um dá demais, se comporta como mãe; e, se pede demais, se comporta como filho/a, e isso ameaça a relação.

Outro aspecto a ser considerado é que, quando uma relação de casal impede o crescimento pessoal ou dificulta a fidelidade a Deus, isso pode acabar em separação. Uma separação com amor: amo o outro, mas não posso deixar de ser fiel a mim mesmo, a meus princípios ou valores, a Deus.

Nos tempos de hoje, é comum as pessoas afirmarem: "prefiro estar só e livre". Entretanto, que tipo de liberdade é essa? Se a resposta é não dar nem receber nada, não ter vínculos, talvez elas estejam livres, mas também vazias.

Também há os que temem o sofrimento ou que o amor acabe, e hesitam ou fogem da relação de casal.

Amar é estar pleno e vinculado.

O mais bonito do amor é poder confessar ao outro: "Sou feliz por você existir".

A alegria que isso causa, no fundo de nossa alma, é a coroação do amor.

Resumindo, quando formos capazes de agradecer pela vida, que nos foi dada por intermédio de nossos pais, e quando pudermos dizer "sim" a tudo o que aconteceu e acontece em nossa vida, nosso coração será forte o suficiente para que o amor flua através de nós.

Só assim será possível dizer a nosso parceiro ou a nossa parceira: "Amo você do jeito que você é!" e "Que bom que você existe!".

O leitor pode enviar sua opinião sobre este livro para o e-mail: <mbuttera@gmail.com>.

Receberei com muito interesse os comentários e sugestões.

Até breve!

María Guadalupe

"Quem no homem ama a mulher
e quem na mulher ama o homem?
E quem, nos dois, ama o outro do jeito que ele é?
Deus ama."

Bibliografia

ALEMANY, Carlos. *Psicoterapia experimental y focusing*. La Aportación de Eugene Gendlin. Desclée de Brower.

BARYLKO, Jaime. *Queridos padres*. Emecé.

BUTTERA, María G.; RÉ, Roberto F. *Madurando nuestros apegos*. San Pablo.

_____. *Nuestra vida emocional*. San Pablo.

_____. *Transformando nuestros sentimientos*. San Pablo.

CORNER, Rosetta. *En busca del hombre metroemocional*. Océano.

COROMINAS, Joan. *Breve Diccionario Etimológico de la Lengua Castellana*. Gredos.

FROMM, Erich. *El arte de amar*. Paidós. [Ed. bras.: *A arte de amar*. São Paulo: Martins Fontes, 2000.]

GOLEMAN, Daniel. *La Inteligencia Emocional*. Kairós. [Ed. bras.: *A inteligência emocional*. 45. ed. Rio de Janeiro: Objetiva, 1997.]

GRAY, John. *Los hombres son de Marte y las mujeres de Vênus*. Océano. [Ed. bras.: *Homens são de Marte, mulheres são de Vênus*. Rio de Janeiro: Rocco, 1995.]

HELLINGER, Bert. *Órdenes del amor*. Herder. [Ed. bras.: *Ordens do amor*. São Paulo: Cultrix, 2003.]

_____. *Viaje interior*, Alma Lepik. [Ed. bras.: *Viagens interiores*. Patos de Minas: Atman, 2008.]

HELLINGER, Bert; BOLZMANN, Tiiu. *Imágenes que solucionan*. Alma Lepik.

KRISHNAMURTI, Jiddu. *La libertad primera y última*. Kairós. [Ed. bras.: *A primeira e a última liberdade*. Rio de Janeiro: Nova Era, 2010.]

_____. *La llama de la atención*. Edaf.

KÜBLER-ROSS, Elisabeth. *La rueda de la vida*. Ediciones B. [Ed. bras.: *A roda da vida*. Rio de Janeiro: Sextante, 1998.]

LARRAÑAGA, Ignacio. *Sube conmigo*. Lumen. [Ed. bras.: *Suba comigo*. 19. ed. São Paulo: Paulinas, 2016.]

LEVY, Norberto. *La sabiduría de las emociones*. Plaza & Janes.

MASLOW, Abraham. *La personalidad creadora*. Troquel-Kairós.

MAY, Patricia. *Todos los reinos palpitan em ti*. Grijalbo.

MAY, Rollo. *El hombre em busca de si mismo*. Gedisa. [Ed. bras.: *O homem à procura de si mesmo*. 36. ed. Petrópolis: Vozes, 2012.]

QUIROGA, Ana. *Proceso de constitución del mundo interno*. Ediciones Cinco.

ROGERS, Carl. *El camino del ser*. Troquel-Kairós.

_____. *El proceso de transformarse em persona*. Paidós. [Ed. bras.: *Tornar-se pessoa*. 6. ed. São Paulo: WMF/Martins Fontes, 2009.]

TEILHARD DE CHARDIN, Pierre. *El fenómeno humano*. [Ed. bras.: *O fenômeno humano*. 4. ed. São Paulo: Cultrix, 1999.]

WATZLAWICK, P. *Teoría de la comunicación humana*. Herder.

WEBER, Gunthard. *Felicidad dual*. Bert Hellinger y su psicoterapia. Herder.

WILBER, Ken. *La conciencia sin fronteras*: aproximaciones de Oriente y Occidente al crecimiento personal. Troquel-Kairós. [Ed. bras.: *A consciência sem fronteiras*. 2. ed. São Paulo: Cultrix, 1998.]

Impresso na gráfica da
Pia Sociedade Filhas de São Paulo
Via Raposo Tavares, km 19,145
05577-300 - São Paulo, SP - Brasil - 2018